아들은
아빠가 키워라

爸爸搭把手，
儿子更出色

教出
好儿子

（韩）李忠宪 ◎著　玉淙峥 ◎译

深圳出版发行集团
海天出版社

图书在版编目（CIP）数据

　　教出好儿子／（韩）李忠宪著；玉淙峥译．
-- 深圳：海天出版社，2012. 1
　　ISBN 978-7-5507-0288-2

I. ①教… II. ①李…②玉… III. ①男性－家庭教育 IV . ① G78

中国版本图书馆 CIP 数据核字（2011）第 214376 号

版权登记号 图字：19-2011-083 号

教出好儿子 (JIAOCHU HAO ERZI)
海天出版社出版发行
（地址：深圳市彩田南路海天大厦 518033）
http://www.htph.com.cn
订购电话：0755-25970306，83460397

出 品 人：尹昌龙
执行策划：桂　林　黄　河
责任编辑：许全军
责任技编：梁立新
特约编辑：涂玉香
版式设计：张　英
封面设计：谈志佳

深圳市永利达印刷有限公司印刷　海天出版社经销
2012 年 1 月第 1 版　2012 年 1 月第 1 次印刷
开　　本：787×1092mm　1/16　印张：13
字　　数：156 千字
定　　价：26.80 元

专家推荐

赵冬瑜
茵莱儿童发展中心执行总监、联合创始人
哈佛大学硕士、世界儿童早期教育论坛中国区代表

对于家长来说，我们都会思考一个问题，那就是我们希望把孩子培养成什么样的人。而现状情况却往往是家长的过度保护，剥夺了孩子成长的机会，让他们越来越没有主见。男孩也成了弱势群体，变得胆小懦弱。

父亲对于男孩成长的积极作用，越来越被人们所重视。本书从3个方面，给爸爸们提供了很好的养育经验。

首先，作者指出爸爸的定位。书中提到"只会赚钱的爸爸，不是好爸爸。""你不需要当万能爸爸，而是足够好爸爸。"对于儿子来说，他们真正需要的不是"像朋友一样的爸爸"而是"像养育着一样的爸爸"。爸爸可以分为"成果至上型""定时炸弹型""被动型"，但对孩子成长最有益的应该是"慈祥的人生导师型"爸爸。

其次，作者介绍了男孩女孩的发展差异，如"儿子更喜欢用身体表达，而不是语言，这都是因为他们的前额叶没有完全长好，男孩的语言发育比较晚"。"当男孩因为大脑发育速度比较慢，有些事情做不好而失去信心时，父母最需要做的不是送他去读什么课外班，而是要

改善亲子之间的关系"。"老老实实在教室里听课，男孩会容易开小差，填鸭式的教育，会让他失去对学校的兴趣"。正是因为这些差异的存在，父亲更应该理解儿子，积极地倾听，站在儿子的立场上思考问题、得出判断，与儿子形成共鸣。

最后，针对男孩的一些特点，作者指导爸爸们如何更好地促进儿子的成长，如"爸爸可以尝试和儿子在帐篷里度过一晚，徒步旅行或者钓钓鱼、登登山""观看演出之前，爸爸要和儿子一同做一些观览前的准备""爸爸要多多关注男孩的梦想""读书习惯由父亲带头"……

书中，作者希望培养的是外柔内刚的真男儿。"他们很爱笑。给他一个玩具，他可以专注地玩很久。他对别人比较关心。他喜欢与爸爸妈妈的身体接触。他喜欢花、动物以及比自己小的孩子。他喜欢反复研读一本书。遇到别人打架，他会上前劝架。他对于味道敏感。当感到恐惧的时候，他会诚实地表达。"

本书作者李忠宪先生反复强调的论点是，教出好儿子需要"父亲效应"。书中所针对的父亲缺位、男孩女性化、男女竞合等社会问题，在中国社会中不也迅速显性化了吗？而如韩国家长对子女不溺爱、注重磨炼的"狮子教育"传统等等切实有效的方式方法，相信将会在李忠宪先生深入浅出的叙述中给读者以诸多的启迪。

茵莱儿童发展中心，引进哈佛大学幼儿教育理论与中国幼教结合的先行者，一直强调对孩子自我意识的塑造（Humanity）、能力的培养锻造（Capability）以及身心健康的协调（Health），并且在幼儿教育的概念中首先将"对父母的教育"放在与"对孩子的教育"几乎同等重要的位置上，这恰恰是中国现今教育中最欠缺也是最关键的。

国外读者推荐

通过这本《教出好儿子》，我终于明白了我为什么拿儿子一点办法都没有了。同时，我也了解到这是非常正常的一种现象。我想，父亲向儿子伸出的手，真的就像是"神手"一般。

——韩国 KBS 主持人　黄正民

这本《教出好儿子》告诉我们关于教育子女的很多新方法，尤其对于那些为儿子问题而颇为苦恼的父母，以及想要把儿子培养成优秀人才的父母来说，更是一本最佳指导书。

——夏正勋

如果你是一个有儿子的爸爸，那我推荐你读一下这本《教出好儿子》。如果你是一个想爱孩子但不得法或者想好好培养孩子的父亲，那这本书是一本好的指南。

——全敏惠

为了儿子需要作出改变，这看起来不是很简单，但是最后会让人产生目标达到后的成就感。况且，这本《教出好儿子》中要求的变化都是积极的变化，而最终我也做到了。

——Yoonwin

我是两个男孩的父亲，这本《教出好儿子》值得一读。它通过多个的事例和丰富的资料，告诉我们为什么儿子该由爸爸来教。

——sayfriend

虽然最初，这本《教出好儿子》是为丈夫买的，但现在觉得有儿子的妈妈也应该看看。读了对儿子的教育、训诫、游戏方法之后，确实感觉育儿轻松了很多。

——Liebe02

我想要养育出聪明活泼的儿子，但事实并不是那么简单。儿子和女儿不一样，所以养育的方法也不同。我买了很多相关的书，但收效不大。当我正在为某个问题苦恼的时候，读了这本《教出好儿子》，让我获益匪浅。

——Anny

这本《教出好儿子》让我印象深刻的是：作者认为像朋友一样的爸爸并不能促进儿子的成长。爸爸应该做的是先了解这个时代要求的男性气概，然后教给儿子这个时代所需要的能力。推荐给各位爸爸。

——车智臣

"父亲效应"的研究实证

爸爸对儿子的成功造成的影响

◆ 心理学家赫里斯曾说，儿童期与爸爸关系亲密的男孩，心理上会比较健康，也比较聪明，长大后更能适应社会。

◆ 英国开放大学丹尼尔·内特尔教授说，爸爸投资在儿子身上的时间越多，后者的成绩就越好，长大后获得成功的几率也越大。

◆ 很多研究结果表明，在爸爸积极参与到子女教育中的家庭里，孩子们解决问题的能力、适应社会的能力都更加优秀。

◆ 与爸爸一起玩耍，有助于开发孩子的左脑（掌控条理性和理性思维）。幼儿期爸爸不在身边的孩子，在数理化方面的理解力相对较弱，普遍缺乏进取的动力。

◆ 心理学家布兰查特和比尔勒表示，跟爸爸接触频繁的孩子，成绩名列前茅的比例相对较大。

◆ 爸爸通常比妈妈的社会经验丰富，更加有助于培养孩子的软实力——这也是获得成功的核心因素。

爸爸对于儿子语言能力的影响

◆ 东弗吉尼亚医科大学詹姆斯·帕森博士小组研究后得出结论，性格郁郁寡欢的爸爸会减少儿子单词的使用量。而妈妈的性格忧郁与否则与儿子的语言能力关系不大——这点倒颇出乎大多数人的意料。

◆ 北卡罗来纳州立大学研究小组研究表明，和儿子一起做游戏时，词汇丰富的爸爸能够显著提高孩子的语言表达能力。而妈妈的词汇量是否丰富，对孩子语言能力的提高并没有直接的影响。由此可见，孩子的语言能力发达与否，在很大程度上取决于爸爸。

◆ 在对1岁以上的孩子们进行普遍调查之后发现，经常与爸爸一起玩耍的孩子的语言中枢发育得更快，智商也较高。而且，对于日后的压力和生活中的变化，也能更好地适应。在与爸爸游戏的过程中，当孩子感到开心或者有压力时，体内会分泌一种叫做肾上腺素的物质。如果孩子提早适应了这种物质，今后抗压能力也会更强一些。

爸爸对于儿子社会能力的影响

◆ 英国心理学家沙波瓦·爱默生曾对出生后6～18个月的婴儿进行过实验。结果表明，儿子不仅会对妈妈产生依赖，也会对爸爸产生依赖和需求。

◆ 教育学家佩德森通过观察出生后5个月的婴儿对陌生人的反应后得出结论，与爸爸关系亲密的孩子普遍不怕生，也喜欢开玩笑，尤其对男孩来说更是如此。在孩子出生5个月后，与爸爸的亲密程度就已开始影响他的社会能力了。

◆ 波士顿大学的康奈尔教授说，爸爸越积极参与家庭教育，在与陌生人接触时，孩子越不会感到不安。也就是说，与爸爸关系密切的孩子更容易跟陌生人打交道。

◆ 在抽样统计青少年成长期的表现之后，牛津大学子女教育研究所得出结论：如果爸爸热心投入家庭教育，就可以减少孩子患忧郁症的可能性，还可以阻止他养成冲动、说谎等坏习惯。总的来说，可以帮助提高孩子的社会适应能力。

◆ 斯托茨博士研究发现，男孩4～8岁时，如果爸爸不在身边，那么在交朋友时，他就会遇到更多问题。因为在很大程度上，男孩交朋友的能力都是从爸爸那里学会的，或者说是模仿来的。

◆ 爸爸的生活态度会直接影响儿子。爸爸为人处世的方式，儿子耳濡目染之后，会以同样的方式对待自己的朋友。渐渐长大之后，他还会从爸爸那里学会如何使用时间和金钱，学会如何享受生活以及如何排解压力——这些都是决定孩子未来生活模式的关键因素。

爸爸对儿子挑战精神的影响

◆ 心理学家埃里克森研究表明，当孩子3岁之后，爸爸的介入显得尤为重要，因为这个时候是自律能力的形成期。妈妈不可避免会溺爱孩子，而爸爸必须在适当时候做出适当调试，才能让孩子形成良好的自律能力。

◆ 爸爸要帮助儿子形成"个体意识"。爸爸的持续鼓励，为孩子勇敢离开妈妈温暖的怀抱转而拥抱世界注入动力。

◆ 与爸爸的关系越好，儿子越自信。妈妈即使跟儿子相处很久，也不一定发现儿子真正喜欢什么。但爸爸可以轻易发现孩子的喜好以及他擅长做什么。

爸爸对于儿子男性品格的影响

◆ 当认识到自己在性别上与妈妈不同的时候，儿子会经历一段时期的困惑。这时，爸爸的及时出现，可以最大限度地缓解这种"性别冲击"。当儿子确定跟爸爸属于"同质"之后，就会形成自己的"男性意识"。儿子通过爸爸了解"性"，也从爸爸那里获得更为清晰的世界观。

◆ 在儿子渐渐性成熟之后，会倾向于在各个方面模仿爸爸。从爸爸那里，加深对"性"的理解。

◆ 爸爸可以帮助儿子不要拘泥于自己的性别，而要更加自由地思考，更加自信。

儿子的危机，父亲来解救！

我有 3 个孩子，2 个儿子，1 个女儿。二儿子现在上小学二年级，小女儿还在上幼儿园。他俩虽然年龄相差 3 岁，但非常玩得来。有时，看着兄妹俩在一起玩的样子，会以为他俩一样大。而且，妹妹学说话也比哥哥学得好，很多高难度的词汇已经可以脱口而出了。而哥哥呢，还处于问他什么只知道回答"好"或"不好"的阶段。对于哥哥来说，这是件颇伤自尊的事情。

我想，家里有儿子的家长们或多或少都有相同的体验。大家也都知道，通常男孩子比女孩子晚熟，在各方面成长的速度都慢些，因为男孩子的大脑发育速度比女孩子慢两年，尤其是语言中枢和额叶（决定集中能力）的发育比较慢。

男孩上学之后，大脑发育迟缓所带来的问题会变得更加棘手。学校的环境，要求学生老老实实地坐在教室里听讲，而这一点对于男孩来说实在是太困难了。另外，男孩欠缺语言沟通能力和专注力，经常忘记写作业，或者不专心听讲，因而常受到老师的批评。所以，从踏入学校那一刻起，"为什么没做作业""字能不能写得好看点？""你就不能老实坐会儿吗？”的批评声便会不绝于耳。

　　父母们出于望子成龙的心态，对男孩的教育往往操之过急。虽然心里都明白，儿子的身心发育速度会稍微慢些，但具体到哪些部分以及会造成哪些影响，则并不十分明了。近年来，男孩子们变得越来越懦弱了，且对于很多事都缺少自信，也不敢挑战新鲜事物。就算父母们在旁边再怎么打气鼓励，也还是无济于事。当然，这种性格缺陷也不是上补习班就能补回来的。

　　为了教育好儿子，首先要先了解他。本书将依托脑科学知识，详细介绍男孩的特性以及具体的成长过程。在成长的岁月里，他们为什么会有这样的行为？他们到底出现了什么问题？关于这些，我将给所有对子女教育一头雾水的父母们一个明确答案。

　　我写这本书的主要目的是想告诉所有父母们，尤其是爸爸们，能够填补儿子性格缺陷的，不是“课堂教育”，而是“爸爸”。对于儿子来说，爸爸是其成长过程中不可或缺的人物。妈妈再怎么努力也有“无法给予的东西”，而正是这种“无法给予的东西”，可能会阻碍儿子的成长。爸爸的关注和教育是儿子成长路上的原动力，尤其可以刺激儿子的大脑发育。

　　总而言之，在儿子成长过程中，爸爸的影响是非常巨大的。对于渐渐失去自信和没法发现自身潜力的男孩子们，唯一的拯救者就是“爸爸”。

　　目前，关于父亲教育的讨论越来越热烈，人们也渐渐认识到父亲在家庭教育的重要性。很多爸爸秉着“想要成为儿子的朋友”的想法，希望和孩子打成一片。其实，对于儿子来说，他们真正需要的不是“像朋友一样的爸爸”而是“像养育者一样的爸爸”。也就是说，在做儿子的朋友，跟他一起玩耍的同时，还是非常有必要矫正他身上缺点的。随着时代的变迁，社会对男性的能力要求也会发生变化。作为父亲，要有前瞻性的眼光，要着力把儿子培养成日后能够获得社会肯定的新好男人。

为此，我在书中列举了大量的研究结果和实际案例，也许可以让焦头烂额的爸爸们找到一些头绪，比如儿子应该做出哪些努力，需要采取什么样的态度等。多数爸爸要在外面忙事业，陪在儿子身边的时间是不多的。但是，时间的物理长度并不是最重要的，最重要的是，在与儿子交往的过程中，彼此获得了多少共鸣。即使爸爸再怎么忙，也不能把教育的重责全都推到妈妈身上，要知道，如果没有爸爸，孩子是无法健康成长的。

在执笔本书的过程中，我也在不断反省自己的行为。我是典型的工作狂，有时不免对儿子的教育问题有些疏忽。很多时候，也下了很大决心，决定今后一定要把时间多匀给儿子一些，尽量多陪陪他，可总是一忙起来就把昨夜的决心全都抛之脑后了。这一切都是我的性格所致。我对工作总有种近乎强迫性的心理，如果一天没有工作成果就会非常不安。现在回想起来，如果童年时代能够与我的父亲亲密无间地度过，想必今天也会变得更加从容，更加与世无争吧。不管怎么说，这也算是我人生的一个遗憾。现在，我不想将这个遗憾再留给我的儿子。

我真心希望，这本书可以帮助妈妈们更好地理解儿子，并找到解决问题的方法；我更希望，这本书能够提醒爸爸们，父亲在儿子的成长过程中扮演着多么重要的角色。

李忠宪

目 录

第一章
我儿子究竟怎么了？

深陷危机中的男孩

懦弱、缺乏生气的男孩子正在慢慢增多。
即使父母再怎么在旁加油打气也于事无补。
那么，到底是什么让我们的儿子蔫了心气？

令男孩闻之色变的"阿尔法女孩"

持续了数千年男女分工的领域和作用发生了天翻地覆的变化。如今，兼具实力、自信以及领导才能的女子们，在社会各个角落崭露头角。这一现象，通过全国"三试"（指韩国的行政考试，外务考试和司法考试。——译者注）的合格率，就可见一斑。在韩国"三试"中，女性合格者的比例各为51%、66%、38%，同比增长了近20%。在2009年首尔公务员七级和九级考试中，每10名合格者中就有6名为女性。

社会的各个角落刮起了强劲的"女风"，就连曾为女子禁地的陆军士官学校，从1998年起也开始公开招收女士官。最近5年来，陆军学校的考试入学竞争率在男女学生中的分布分别为17∶1和35∶1。

韩国产业工团以参加全国技术资格考试的考生为对象进行了一系列调查，发现女性合格的比例为59%，比男性合格比例44%整整高出15%。

同时，政治圈也悄然发生了变化——女性国会议员的席位由1992年的3位一跃而为41位。医疗界同样也不可避免地刮起了强劲的"女风"。据统计，目前全国医大生中有40%左右的学生为女生。

全社会处于女子大活跃状态，这意味着属于男孩的道路将变得相对狭窄。

我儿子究竟怎么了？

在中小学校成绩排行中，女学生占领上位圈的比例正在慢慢攀升。2007 年，首尔大学的入学新生中，女学生的比例历史性地突破了 40%。这比 10 年前的 25% 增加了近 1.6 倍。

　　其实，"男不如女"现象的出现，已不是一天两天了，而且正以锐不可当之势席卷全球。1974 年，来自美国名牌大学普林斯顿大学的保守派学生团体曾高举大字报，反对 1969 年后出现的男女同校的现象。他们高呼"男女同校破坏了学院的神圣，有损纯洁的同学之爱"，并表示"男女同校就是个历史灾难"。

　　时过境迁，如今的情况已经彻底发生了变化。20 世纪 60 年代起，美国大学的男女比例就已经是 6∶4 了。此后，随着女权运动的兴起，女性教育逐渐升温，改变了大学升学的比例。2009 年，美国大学入学新生的男女比例为 42∶58，首次发生了历史性的逆转。而 2007 年美国哈佛大学新生入学男女比例的颠覆性逆转，同样辅证了以上现象。这种情况愈演愈烈，很多大学不得不公开增加对男性学生的招募名额，同时采取了众多优待男学生的政策。

　　进入 21 世纪以来，"女风"更为强劲，且正以一发不可收拾之势攻占了几乎所有领域，几乎没有经历过任何性别角色约束的新一代女性——"阿尔法女孩"正在慢慢崛起。

아들은 아빠가 키워라

　　阿尔法女孩的"阿尔法"取自于希腊字母的首字母 α。"阿尔法女孩"的概念是哈佛大学心理学教授丹·肯德伦教授在他的作品《阿尔法女孩——新时代女性的诞生》中首次提出的。肯德伦教授曾以 1 000 名女性为对象进行了调查访问。结果表明，在美国新时代女性中，有 20% 的人属于完全崭新的社会阶层，也就是说，与大多数人是截然不同的。而这 20% 的人，就是所谓的"阿尔法女孩"。

　　她们从小受到父母的精心照顾和全力支持，不仅学习成绩优秀，在运动能力、领导力等其他方面也显示出了完全优于男性的能力。

　　阿尔法女孩是一群具有极强进取心和自信心的女性。她们大多性格坦荡，有担当，不受传统观念的束缚，是那种为了心中的理想全力拼搏的新时代女性。

　　阿尔法女孩们在起跑线上就已经领先了。她们与过往那些由于男女有别而无法施展拳脚的旧时代女性不同，从出生开始，无论是在家里，还是在学校都不曾受过任何性别角色上的差别对待。所以，在她们的意识里，也没有所谓的"女权主义"。因为不曾被歧视，又怎么会仇视男性呢？所以在本质上，她们跟那些经历过重重艰难才能在

阿尔法女孩们坚信自己的能力，
而且几乎在所有领域中表现优秀。

我儿子
究竟怎么了？

23

男人圈里觅得一席之位的少数女性先驱不同。如果说十几二十年前，女性唯有通过钢铁般的拼命精神才能获得成功的话，阿尔法女孩则只要善用她的"女性能力"就可以获得成功。

随着精英女性群体的不断扩大，名叫"黄金女士（Gold Miss）"的新阶层也随之诞生。所谓"黄金女士"，就是拥有稳定的职业、可观的经济收入的二三十岁的单身女性阶层。她们是由阿尔法女孩进化而来的。

记忆中，在小学高年级之后，我就再也没有得到过第一名了，也再没能在班长选举中胜出过。我就是永远的第二名，永远的副班长。第一名的女孩外表讨喜，也很会说话，几乎没有什么她不行的。在那个女孩面前，我只能低下头来。即使我再怎么努力，我俩之间的成绩差距也还是不见缩小。

每当举行班级会议的时候，那女孩总能非常娴熟地把会议安排得井井有条。虽然表面上装作若无其事，其实我心里还是很自卑的。随着全社会对于教育的关注，我的妈妈对我寄予了很高的期望，总是希望我能拿一个第一名回来。但是因为那个女孩的存在，我从来没有满足过妈妈的这个愿望。

就这样，我一直活在那个女孩的阴影里。也就是说，即使是在35年前，男孩子就已很难与女孩子竞争了。近来，我听到许多妈妈们抱怨，自己的儿子经常被班里的女同学欺负，这点我也很能理解。我也知道，那女同学绝不只是摆摆样子吓唬吓唬人，而是实打实地动拳头。

女孩们气势越来越盛，
男孩们气势越来越弱。

我儿子
究竟怎么了？

不管是学习，还是各种课外活动，还是学生会活动，女孩子的表现都格外活跃和突出。"在全校前 20 名中，没有一个是男孩。不管是国语、英语、数学，还是技术、体育，前 20 名几乎都被女孩包揽了。就连涉及课外评价的各种学生作品，男孩子也比不过女孩子们。"一位苦恼的男孩母亲这样说。

　　到中学之后，女孩子的表现会更加突出。2000 年的时候，教育厅为了贯彻"男女平等"的政策，开始大力倡导男女同校（韩国学校分为男校、女校和男女同校。——译者注）。但随着女学生成绩排名靠前的垄断性表现，男学生们对于"男女同校"的政策表现出了排斥心理。最近，已经有很多学生重新转到了"男校"或者"女校"。而据我所知，有儿子的父母们都在考虑把儿子转到"男校"，男校附近的房价也因此而一路攀升。

　　在美国也不例外。去年《美国新闻与世界报道》（*U.S.News & World Report*）曾报道，美国大学若不控制男女入学比例，今后的大学将会全部变成女校。

需要爱的
"贝塔男孩"

在几乎在所有方面胜过男孩的阿尔法女孩大行其道的同时，"贝塔男孩"也随之诞生。"贝塔"是取自于希腊字母的第二个字母 β。所谓"贝塔男孩"，意指被女孩剥夺了主导权，从而只能拥有"第二名人生"男孩子们。

有一天，一位正在上高中二年级的男生，被父母拉到了诊疗室。因为他突然变得没精打采，每天只知道睡觉。

我看了男孩一眼，只见他面无表情，好像连睁开眼睛都觉得费劲。对于我这个心理医生的问话，更是有一句没一句地回答，声音极小。经过了解之后，我发现这个男孩性格比较内向，为人谨小慎微，并且十分在意别人的想法，经常要看人家脸色行事。

据男孩的父母说，小学时，男孩的注意力还比较集中，也不用天天管教，让他上什么辅导班，他就上什么辅导班，也不做任何反抗。学习成绩不错，性格也比较安静，很招人喜爱。不过，他一向话很少，就连在班长选举中胜出的事都

跟女儿相比，
儿子更容易感到情感缺失。

我儿子
究竟怎么了？

没有跟家里人说。妈妈平时上班，虽然不能经常与儿子交流，但母子之间的感情还算不错。那时候，他的父母觉得，孩子不淘气，也有主见，知道自己该做什么，让他们这做父母的挺省心的。

一直到中学一年级的时候，孩子还是全校第一名，但是到第二学期的时候，就变得不一样了——平时不像以前那么用功了，临近考试了还在看漫画书。这种状况一天天恶化，到初三的时候，孩子基本上已经不学习了，即使到了学校，也只是睡觉。更让人生气的是，他有时还会妄自菲薄，说些"反正我什么也做不好，不想成为谁的负担"之类的话。

缺爱的儿子

通过这个男孩的种种表现，我断定他患有典型的抑郁症。

由于爸爸妈妈都要外出工作，孩子从小由姥姥带大。虽然姥姥可以管孩子吃住，但是不能经常陪他一起玩。老人家平时还要做家务，空闲下来的唯一乐趣就是看看电视。

每次妈妈下班回来，孩子总是喜欢发脾气。但是妈妈上了一天班已经很疲惫，根本没有心思哄他。而爸爸总是披星戴月地工作，通常是早上出去时孩子还没起床，晚上回来时孩子已经睡着了。男孩说，他记得小的时候曾经跟爸爸一起回过乡下。那时他感觉4个小时的车程无比漫长。由此可见，孩子与爸爸的关系并不十分密切。男孩还说，一直到小学毕业，爸爸都对他不管不问，直到后来自己成绩一落千丈，才开始关心起他来。就这样，孩子常年处于缺爱状态，又不知从哪里可以获得关爱。

没有充分感受到爱的男孩，性格上容易缺乏自信，感情上容易受伤，在人际关系上容易受挫。这个男孩子的例子是非常典型的。从儿子的立场上来看，爸爸、妈妈、姥姥，没有一个人是可以完全依赖的。感受不到充分的关心和疼爱，儿子就非常容易切断所有人际关系，陷入一个人的孤独世界。

儿子比女儿更容易缺爱。女儿们对关系有指向性地需求，即使对方没有表示多少关心，也可以通过撒娇、依赖等方式获得她想要的关爱。但在这方面，男孩显然缺少"索取爱"的能力。如果无法获得充分的关爱，他就容易转而抗拒所有的人际关系变得孤独。没有关爱，还会让他失去自信，变成懦弱的人。

对儿子总是以 唠叨代替称赞？

儿子们都变得无精打采，行为散漫。对于自己的未来毫不关心，也没有任何上进的欲望。除了打打电脑游戏，他们似乎对所有的事情都失去了兴趣，每天只知道无所事事地晃来晃去……

一位妈妈带着面无表情的儿子走进了我的诊疗室。儿子穿了个十字拖，头发乱糟糟，说话的时候几乎不看对方的眼睛，回答问题也只是一个字一个字地往外蹦。

这个男孩几乎每天都在电视和电脑游戏中度过。上初中时就已经这样了，一直到高中的时候，终于退学回到了家里。

男孩的爸爸是个优秀的检察官，工作非常努力，几乎到了工作中毒的程度。正因为这样，他才取得了现在的成功。不过，男孩的爸爸即使在回家之后，也没有放下工作，导致夫妻吵架不断。而且，这位爸爸还不允许别人犯错，即使孩子犯了一点小错，他就会大声指责，甚至还动手打人。

这种家庭环境让男孩变得孤僻。上小学时，男孩没有交到一个知心的朋友，这让他觉得学校生活了然无趣。一个偶然的机会，他接触了电脑游戏，于是就陷入其中不能自拔。因为只有在那里，他才能忘了所有的烦恼和不快。到后来，打游戏成瘾的男孩放学后也不回家了，而是直奔网吧。

是什么剥夺了孩子的梦想？

这位男孩看起来漫不经心，没有任何烦恼，对未来也没有任何关心。他只是有气无力地念叨："反正我这个不行，那个也不行，不如坐着等死算了。"但是，随着会谈的深入，我发现他的内心深处对未来其实还是有很多担忧的。而且，对于过去，他也有太多的后悔。只不过，他将这些都隐藏在了平淡的表情之下罢了。

如今，越来越多的孩子对学校生活失去了兴趣。在他们看来，学校是个无聊至极的地方，在这里，所有的事情都让他们感到憋屈，需要他们忍耐。每天，他们只是行尸走肉似的背着书包上学，下课之后又被妈妈的手牵着，出入各个课外补习班的大门。

还有一部分孩子，由于父母附加在他们身上的期望远远超过了他们的能力，而早早地体验到了挫折感，尤其是男孩子们。对于男孩来说，他们最熟悉的是训诫和唠叨，而不是称赞。所以，自信心逐渐下降也就是必然的了。这样一而再、再而三的挫折和失望，最终会让他们完全失去上学的兴趣。除此之外，他们还觉得周围没有一个可以理解自己的人，这样一来，就索性自暴自弃了。

看似一点不关心未来的男孩，只不过为了掩饰心中的某些伤痕。

儿子们最常听到的是训导，
而不是赞美。正因如此，
他们一天当中会经历无数次的挫折和失落。

我儿子
究竟怎么了？

父母自身需要检讨的 5 个问题

一位妈妈带着上小学六年级的儿子来到我的诊疗室——他的孩子在一个月前就不愿意去上学了。这个孩子看起来十分害羞，但是只要妈妈一开口，他就不耐烦地插嘴或者顶嘴。

男孩自从学会走路之后，就从没闲着。每次去百货商店，他总是到处乱窜，搞得妈妈焦头烂额；去幼儿园，他总是调皮捣蛋，让老师很生气；与小朋友们一起玩游戏的时候，他总是不守游戏规则，弄得小朋友们都不喜欢他。

一次，妈妈带着儿子坐公共汽车。在车上，儿子非要妈妈给他买香蕉。妈妈说"待会儿再买"，他就开始哭闹，甚至还打妈妈的头。

刚开始，妈妈还好声好气地教导，可儿子完全没有悔改的意思。后来，妈妈则直接用"你能干好什么呀"等话语来刺激他的自尊心。可渐渐地，这种刺激也不起作用了，因为儿子对这种刺激已经习惯了，索性装作什么也没听见，或者直接跟妈妈顶嘴。

在每日与儿子的"战斗"中，妈妈变得疲倦不堪。无奈

"男孩不一样"这句话很容易变成
"他们有缺陷"，更糟的是，
它可能变成"他们就是这样"的借口。

我儿子
究竟怎么了？

33

之下，在小学一年级的时候，这位妈妈就带着儿子去小儿精神科就诊。当时医生诊断为"注意力涣散－多动症"，还开了好多药。

可药物似乎无济于事，儿子依然一如既往。有时，实在看不下去时，妈妈也会说几句，但是男孩的反应十分激烈，甚至还威胁她说："如果再管我，我就去自杀。"绝望之余，这位妈妈竟然想"还不如与儿子一起同归于尽算了"。

身心俱疲的妈妈几乎快要崩溃了，而儿子的情况也日益严重。有时妈妈让他不要老玩电脑，他会直接把面包扔向妈妈，并大喊大骂地甩上门；他还以欺负弟弟为乐，有时把弟弟弄哭了，他居然还用手机拍照。

随着儿子的暴力倾向越来越严重，妈妈和儿子的关系也几乎破裂。现在，妈妈每天只抱着比他小4岁的弟弟，弟弟要什么，就马上给买。而他说什么，妈妈只当做没听见。

天生具有行为障碍的儿子

"那你应该很难过吧？"当我关切地问这句话的时候，男孩突然变得十分激动，紧接着就"呜呜"地哭了起来。男孩说，他讨厌妈妈只喜欢弟弟，他觉得自己在家里就像透明人一样。每天回到家，迎接他的只有家里的狗狗而已。他觉得这个世界上没有一个可以真正理解他的人。儿子说出这样的话，让坐在一旁的妈妈备感吃惊，并表示她从不知道儿子的心里原来是这样想的，不禁内疚得哭了起来。

对于妈妈来说，儿子的"注意力涣散—多动症"是最让人头疼的。而儿子发生这种行为障碍的比率要比女儿高出5倍之多。当孩子注意力不集中，且在智力等各方面发展缓慢的时候，父母尤其应该注意，儿子是否已经伴有行为障碍了。

首尔大医院神经精神科曾经对小学男生进行过一项调查，结果表明，有近 10% 的男孩子有行为障碍的问题。

其实，大多数行为障碍都不是后天形成的，而是孩子出生时就已携带了这种诱因。所以，在男孩成长的过程中，父母要留意观察他有没有任何异样。比如注意力不集中、多动、容易冲动等。

对于这种行为障碍的具体形成原因，目前还没有定论。目前最可信的一种说法，是脑内啡或肾上腺素等神经递质的不均衡分泌所致。所以，如果孩子行为过于情绪化，只要通过药物调解神经递质的平衡，情况就能得到改善。

如果孩子平时特别容易激动、散漫或不遵守学校各项规定的时候，父母们千万不要犹豫，而要在第一时间带他去医院。通过检查，确定孩子是否有行为障碍。如果情况不严重，则只需要对孩子悉心教诲，并辅以适当的奖励和称赞，让他认识到遵守纪律的重要性即可。

以上提到只是行为障碍的一种表现。还有一种行为障碍表现为：动不动就眨眼、不自主地吸鼻子、不受控制地突然采取某种行为或者反复做某事。在处于学龄期的男孩子中，有 15% 的人会出现这种行为障碍。

在受到压力之后，这种行为障碍会更加严重，但随着时间的流逝，大部分症状会渐渐消失。不过，如果这种症状持续 6 个月以上的话，就有些不妙了。当孩子出现这种症状的时候，最好不要指责或者过分注意，大声辱骂或者强行制止更是不可。这时，最恰当的方法是，装作没注意——这是对于这种不自主行为的最佳治疗方式。

是否情绪化地对待孩子？

男孩子总是喜欢无端缺席或者动不动就离家出走。这些都属于行为障碍的表现之一。

民秀今年15岁，在加拿大就读中学。来到诊疗室的那天，他穿着时下最流行的嘻哈裤，把帽檐压得极低，还随口骂着"操，真TM麻烦"的脏话。对孩子的这种行为，民秀的父母已经束手无策，只好眼巴巴听着、看着。当块头比父母还要大的民秀大骂脏话时，就算是大人也会有种威胁感。

民秀一家移民加拿大之前，由于爸爸遇人不淑，轻易为信用度极差的人做了担保，发生了纠纷，随后家庭经济变得十分拮据。因为这件事，他的父母吵架就成了家常便饭。那时，每当父母吵架，民秀都会躲到被窝里，不敢说一句话。但父母根本没工夫顾虑民秀的感受。

到加拿大之后，民秀的爸爸又重新做起了生意。但很不幸遭人诈骗，生活变得更加艰难。民秀的父母吵架逐渐升级，除此之外，甚至整天喝酒度日。每天放学回来，民秀看到醉醺醺的父母，感到无比绝望。为了走出这种阴郁的家庭氛围，他渐渐迷上了电脑游戏。有一天，民秀正沉迷于游戏中，爸爸突然推门而入，大声指责他："成天不学习，就知道天天玩游戏！"接着就是一顿棍棒。

刚上中学的时候，民秀常常被白人同学孤立和欺负，这让他备感孤独。后来，他就与一群街头混混们混到了一起。在他看来，唯有这些人才是他的朋友，才能让他忘记孤独。再后来，他竟然在不知不觉吸起了毒。得知民秀吸毒这一惊天霹雳的消息之后，爸爸坚决制止他与那些"狐朋狗友"来往，但是他根本不听。最后，民秀干脆也不上学了，天天在外面闲逛。

爸爸是男孩最好的榜样

通过交流，我已大概了解民秀对于父母的失望情绪，以及不受重视的挫败感。于是，我找到了深入谈话的入口。在吐露了心中的愤怒和不快之后，民秀渐渐也谈及对未来的担心。到目前为止，虽然他每天都在自暴自弃中度过，但其实并不想一辈子都这样。

结束谈话之后，民秀回到了加拿大，并重返校园，为报考技校作准备。

为什么男孩子更容易伴有行为障碍？对这个问题，目前还没有的定论。不过，大多数研究结果表明，这可能与男女荷尔蒙以及大脑发育的差异有关。

男孩子大脑额叶部位的发育不如女孩子快，而这个部位正好控制冲动并制约行为。所以，男孩子普遍不太擅长处理来自外界的情绪

作为爸爸，如果无法以身作则，并保持一贯的教育态度，就很容易导致孩子的行为障碍。

我儿子究竟怎么了？

上的刺激。也就是说，他们不擅长控制冲动行为。男孩的大脑发育速度普遍比女孩慢一到两年。这会妨碍他们适应学校生活，同时也会增加行为障碍发生的几率。

同时，男性荷尔蒙也会增加攻击行为和冲动行为发生的可能性。升入高年级的男孩子，由于性荷尔蒙的分泌比较旺盛，发生行为障碍的几率也会更大。

在预防男孩行为障碍的过程中，父母们所起的作用很大。父母尤其是爸爸要成为孩子的榜样。**因为男孩会把爸爸的言谈举止、行为规范内化为自己的行为模式。**

如果爸爸的行为总是无端失常，一会儿这样，一会儿那样，在行为上无法保持一贯性的话，孩子也无法将爸爸的行为准则内化为自己的行为模式。而爸爸如果对孩子过于严苛，过于"法西斯"的话，孩子也容易走入歧途。因为他会产生反叛心理，并通过破坏性的行为来掩饰自己的自卑感，同时从中获得心理上的补偿。

作为爸爸，应该好好跟儿子讲道理，并让他真正接受这个道理。当然，无条件纵容也是不可取的。一个家庭要制订适当的规矩来规范孩子的行为，从而培养他的自控能力（控制攻击性行为，调解心理状态），让其健康成长。

　　敏锡是个正在上中学二年级的小男孩。从小学起他就比较调皮,所幸学习成绩一直不错,所以父母也没怎么操心。但在中学时,由于父亲工作变动,让他连续转了两次学,自此之后,情况就发生了变化:交不到知心的朋友,只能独来独往。慢慢地,敏锡的成绩开始下降。后来,他甚至还被同学欺负。无法还手的敏锡,心里十分懊恼。他也曾想过跟父母说说这件事情,可看到父母为了赚钱忙得不可开交,他也不知如何开口。

　　就这样,敏锡慢慢迷上了电脑游戏。在虚拟的世界里,每当用武器消灭掉对手,敏锡都会产生一种畅快淋漓的感觉,好像是为自己报仇雪恨了一样。看到慢慢消沉下去的敏锡,父母也曾阻止他接触网络游戏,但却无济于事。

　　见敏锡对游戏上瘾,父母干脆把他的电脑没收了。谁知道,敏锡干脆天天泡在网吧不回家了。他从父母那里偷来钱,在网吧有吃有住,基本上处于离家出走的状态。敏锡的父母疯狂地寻找他,直到在一家网吧发现了他。

当孩子陷入电脑游戏中无法自拔时,
父母们不要只知道打骂,
还应该想想孩子为什么会这样。

我儿子
究竟怎么了?

男孩为何沉迷于电脑游戏?

即使在学校受了欺负,男孩也没有倾诉的对象,于是玩电脑游戏就成了他逃避现实的最佳方法。虽然在现实世界里他懦弱、毫无长处,但是在虚拟世界里,他却可以获得心理上的极大满足。

一般来说,网络上瘾大概有两个原因。一是因为虚拟世界可以提供新的交流模式,二是因为在网络世界里可以获得别处无法得到的愉悦。

大脑中有一个叫做"脑垂体"的部位(也叫做"快乐中枢")。当人们在饮酒或者吸毒的时候,这个部位会分泌出一种叫做"脑内啡"的物质,可以使人心情变好。

不久前,科学家们针对电脑游戏上瘾的青少年展开了研究。最后得出结论,当人们在玩游戏的时候,大脑分泌的脑内啡量与饮酒或吸毒的时候分泌的量几乎一致。这说明,游戏像大麻一样,足已让人上瘾。

游戏上瘾现象主要发生在具有"注意力涣散—多动症"的孩子身上。男孩子们都喜欢追求新鲜刺激、具有攻击性的事物,而游戏刚好迎合了他们这种心理。另外,游戏中的各种刺激性要素不断变换,不需要持久的专注力,这也是男孩容易沉迷电脑游戏的原因。

男孩一旦沉迷于电脑游戏,就很难再回到正常的生活轨道上来。因为总是夜以继日地打游戏,上课的时候肯定会打瞌睡。最糟的情况就是,干脆不上学了。另一方面,这样的生活方式还容易让男孩患上抑郁症或者社交恐惧症。

现在的孩子们,基本上从三四岁开始就"黏"上电脑了。对于他们来说,没有比电脑更方便、更好玩的道具或者玩具了。电脑几乎成了他们身体的一部分，一步也不可分离。

为了帮助孩子更有效、更正确地使用电脑，父母们首先要做的是先搞懂电脑是怎么一回事，这样才能更好地帮助孩子。否则，就无法理解孩子为何喜欢电脑，而孩子也根本不会听父母的话。

不管三七二十一地缩短孩子使用电脑的时间是不可取的。父母们应该着眼于男孩使用电脑的现况，制订一个切实可行的计划，循序渐进地减少他玩电脑游戏的时间。

同时，可以将电脑尽量放在公共领域，让全家人都能使用。这样的话，男孩就会下意识控制自己，不会任由性子想玩多久就玩多久。

现在父母双方都在外工作的情况比较普遍，这让父母与孩子的交流愈加贫乏。这也是孩子容易沉迷网络世界的原因之一。当孩子感到压力的时候，无法从父母那里得到疏解，最后只能通过网络游戏的方式，找到抒发的出口。由此可见，与男孩的沟通是非常重要的。

一天该让孩子
看多久电视?

渐渐变得暴力的儿子

美国少儿科学院曾建议，未满两岁的孩子不要看电视。因为从婴幼儿时期就开始看电视的孩子，长大后学习成绩普遍欠佳，尤其是语言表达能力较低下。

看电视，会阻碍孩子语言能力的发展，更会阻碍大脑的发育。额叶是大脑的一个组成部位，可以控制冲动，掌控注意力，同时也是思考中枢——制订计划并让其完成。幼儿期是额叶发育的黄金时期。在这段时期，如果过度收看电视，可能会导致孩子额叶发育异常，而无法达到正常的语言水平。

另外，看电视虽然可以获得视觉刺激，并引起感情共鸣，但不会刺激额叶。这不过是一种单方面的、被动式的刺激，不会促使孩子自主思考。

大脑要频繁使用，神经间的连接才会更加紧密和通畅。但是，看电视剥夺了男孩思考的机会，无法让额叶良好发育，也就无法发挥其正常的制订计划、做决定、想象、控制冲动等作用。有研究表明，幼儿期过多收看电视的小朋友,在长到学龄期的时候,患"注意力涣散－多动症"的几率比较大。

男孩子们普遍存在注意力不集中的问题。他们的大脑发育一般都是在与伙伴们的玩耍中，通过各种各样的刺激才完成的。但是，看电视显然会占用孩子们自由玩耍的时间，因此也会阻碍其大脑的发育。

电视，让孩子变成傻子的"箱子"

西雅图儿童医院的克里斯塔基斯博士，曾经以 2 ~ 5 岁的男孩为对象进行过一项研究实验。他让这些孩子中的一部分人每天看 1 小时左右的暴力录像。5 年后，当他重新观察这些孩子时，那些看过暴力录像的孩子表现出来的暴力倾向要比其余的孩子高出 3 倍。

有时，小男孩很难分辨出什么是现实世界，什么又是虚拟世界。同时，他的模仿能力又非常强。当电视中出现暴力画面的时候，他会直接模仿。渐渐地，他会对暴力习以为常，并希望寻求更强烈的刺激。

克里斯塔基斯博士还对相同年龄段的女孩子做过相关调查。结果表明，暴力影像对女孩子的影响不是很明显。

由此可见，对于男孩来说，暴力影像或者文字尤其有害。而额叶的发育不完全以及男性荷尔蒙的分泌，同样会加剧他们的暴力倾向。

那么，如果用学习用录像带替代电视是否可行呢？答案是否定的。我经常看到，在一整天的忙碌过后，父母们也急需休息。但孩子还是要教育的，这时最需要的是什么？当然是学习用录像带。这也是让孩子暂时安静下来的好方法。大家都以为学习用录像带一定会促进大脑发育，但事实却不然。有研究表明，学习用录像带同样也会阻碍男孩语言能力的发展。

为生活带来快乐的电视机，反而会成为助长男孩暴力
倾向和阻碍其语言发展的罪魁祸首。

我儿子
究竟怎么了？

有人曾以未满 16 个月的幼儿为对象进行调查。结果表明，定期收看学习用录像带的孩子的词汇量，明显比其他孩子少。具体来说，定期看录像带的幼儿所掌握的词汇量，要比其他孩子少 6～8 个左右。所以，内容虽然是学习用的，但也给孩子带来了不良影响。与此同时，格拉斯哥大学的研究小组还得出一个结论：每天看电视超过 2 个小时的孩子，得哮喘的危险比其他孩子高出 2 倍。

　　那么，到底每天让孩子看多长时间的电视才比较合适呢？目前虽还没有明确的答案，但在幼儿时期，最好尽量少看。

儿子玩兴正浓的时候，不管说什么他都根本听不进去，顶多当时应付似地答应一句，然后就抛到脑后去了。这种行为常常让做父母的大动肝火，其实大可不必。儿子不听话，大都是因为他天性好动，而且注意力不集中。所以，在孩子不听话的候，不要只是严厉地批评，而要通过正确的方式传达真实的意图。

跟儿子说话的时候，一定要停下手上的事情，集中精力地说。并且要正视儿子的眼睛，一字一句，简短扼要。有时，儿子脾气都比较犟，不管父母说什么，他们也总是一意孤行。这时，**不要急于制止儿子的行为，而是要让他先做完他想做的事情之后，再加以称赞，从而自然地引导到父母希望的方面来。**

比如，吃饭的时候，如果不准让他用手抓，不要直接命令他，而是先说："你可以随意玩你的游戏。"然后先让他玩一会儿玩具，然后再夸奖他"我儿子摆弄玩具真有一套"，之后再引导式地说"那筷子也肯定会使得很好吧？要不要试试？"以此来鼓励孩子。这时候，他会认为父母是理解自己的，自己也应该听从父母。

教育儿子的时候，独断独裁是最不可取的。**我要强调，不要直**

在教导儿子的时候，爸爸一定要出场，
做好榜样，才能更好引导他。

我儿子
究竟怎么了？

接制止男孩的行为。因为当他们遇到阻碍的时候，会变得更加倔强。所以，父母不要操之过急，才有可能把孩子的自我意识引导到你需要的方向上来。

一些比较冲动的孩子动不动就动粗，尤其是不太会表达自己情感的时候更是如此。所以，这样的孩子很容易跟别的孩子打架，这也是让父母大为头疼的问题。

在处理关于孩子的各种问题的时候，应该先搞清楚，他的一系列行为是否是为了吸引父母的注意。因为现在的父母都很忙，很少有闲暇好好关照孩子，而在缺乏关爱的情况下，孩子会变得具有攻击性。这个时候，给予儿子以关心和爱护是十分重要的。但是，要让他明白，不管什么情况下，暴力行为绝对是不对的。要知道，这是原则性的事情，绝不容轻视。

在教导儿子的时候，爸爸的作用十分重要。因为他会直接模仿爸爸。比如他通过观察爸爸如何化解与妈妈之间的矛盾，来学习调节自我情绪。尤其对于从小性格比较冲动的孩子，父亲的训导就更为重要了。

在某种程度上，爸爸既严厉又坚持原则的态度可以规范孩子的行为。当然，这有一个前提，那就是爸爸应该让孩子充分感受到他是被深深爱着的。

儿子的成长过程危机重重

儿子将成为精英男还是平庸男？

不久前播放的电视剧《贤内助女王》中的达秀就是典型的"劣质男"形象。不久前热播的周末电视剧，讲的就是4个在职场之外一无是处男人的结婚过程。时下，关于"劣质男"或者"坏男人"的作品渐渐多了起来。这些作品中的主人公大多没有固定职业，即使有工作，也是一副欠缺工作能力和社交能力的可怜形象。

以前，主流电视剧中的男主人公还都是"白马王子"形象，再不济也还只是"坏男人"或者"食草男"。但随着时代的变迁，更多的"劣质男"形象占据了大银幕。他们有一个共同点，即大多靠女人获得升迁或者成功。这与之前的"成功男人帮助或领导女朋友"的剧情大相径庭。电视剧可以准确地反映一个时代的变迁。以上所述正好说明，在我们这个时代，"劣质男"群体正在不断扩大。

随着社会各领域"女风"的日渐强劲，男人的气势渐渐减弱。在学校，"阿尔法女孩"拔得头筹；在社会，"黄金女士"势不可挡。在这样的社会背景下，年轻男性自然变得越来越软弱。而随着女性进入职场的比例越来越大，男性就业变得更加困难。而当深处危机中的男孩慢慢长大，就很可能变成以上所提及的"劣质男"。

成年后无法养活自己的"啃老族"

现在很多年轻人即使大学毕业了，也不去找工作。人们把这样的人叫做"啃老族"和"半失业族"。

所谓"Neet 族"就是"Not in Education,Employment or Training"的缩写，意思就是"不上学，不工作，也没有在进修"，一句话，游手好闲。不过，他们并不是找不到合适的工作，而是根本没有工作的意愿。

NEET 族的家庭一般都比较殷实，所以，刚开始的时候，他们还可以花花家里的钱，去旅旅行，交交朋友什么的。但是，由于他们没有任何人生目标和动力，也就没办法拥有长久而稳固的人际关系。又由于没有朋友，只能到处闲逛，或者天天杵在家里，躲在房间里昏天黑地地打游戏。渐渐地，他们就会被排出到"日常生活的范围"之外。

而"半失业族"则是，不找固定的工作，只是当日挣钱当日花，把剩下的时间用在自己的兴趣爱好上。在日本,这个群体超过 300 万，也引发了一系列社会问题。不过，不管怎么说，跟 NEET 一族相比，他们还算是好的，至少还有自己想要做的事情。但是，这群人身上也存在一些弊端，那就是一旦在工作上遇到小小挫折，就很轻易放弃，

当我们的儿子渐渐失去自信心和自尊心的时候，我们一定要帮助他们重新挺起腰板。

我儿子究竟怎么了?

显得缺乏责任感。而且，他们常常将职场中的人际关系视作负担，不能很好地适应社会。这群人当初是为了尽情地做自己想做的事情才选择了自由兼职这条路，但是时间长了，只会落得个"挣一天钱吃一天饭"的可悲情景。更可怕的是，他们会在受到挫折或者失去动力之后，彻底结束兼职生活。而失去工作的他们，只好回家关起房门，每天与游戏和电视为伴。

无论是 NEET 一族还是"半失业族"都是缺乏自信的人。在很大程度上，这与他们小时候经历过过多挫折有关。所以，身为父母，一定要在男孩经历挫折的时候，给予力所能及的帮助。即使学习成绩不好，也要从其他方面发现他的优点和闪光点，并让他们看到人生的希望。

独身快活的"草食男"

　　33岁的职场人士金某，已经有10年没有谈过恋爱了。从大学时代起，他就一直独居。他不想结婚，觉得一个人过才够自在。不是他不受异性欢迎，而是他根本没兴趣恋爱。他性格比较内向，不爱说话，也不喜欢在外面与朋友喝酒聊天。偶尔，他也会跟朋友们去网吧看看足球比赛或者棒球比赛。

　　我们再来看看另一位职场人士朴某的情况。他现年29岁，在传媒广告公司上班，公司同事大部分是女性。尽管经常要跟女性打交道，但他还是没有恋爱的冲动。平时，他唯一的兴趣爱好就是看看电视转播的棒球比赛。在他看来，舒服地窝在沙发里喝着啤酒看比赛，就是人生最大的享受。

　　"草食男"是一种相对于"肉食男"的叫法。他们喜欢咖啡馆更胜于酒吧，喜欢独身生活更胜于恋爱。过去，人们常常把男性比喻为攻击性强的"肉食性动物"，"草食男"虽然是男性，却性格温顺，攻击性不足。这是个不安的时代，所以与其顾及周遭，还不如顾好自己，

"草食男"的出现说明，在当今时代，
男孩子们不愿意再去历经万难经历挑战了。

我儿子
究竟怎么了？

好好满足自己——这就是草食男的哲学。他们不管这个社会对他们的要求是什么，只忠于自己内心的需求。

这个时代对于成功男性的要求是，在保有男性特质的基础上，还要兼具女性的沟通能力和感知能力。所以，在一定程度上说，"草食男"的登场也算是顺应了这种时代要求。由于兼具了男性和女性的特点，"草食男"也算是具有了新的竞争力。不过，男性特质的缺失，并不完全是一件好事。

"草食男"没有强大的事业心，也不愿意为此献身。他们与那些为了成功而像战士一样奋力前行的"销售男"截然不同，也不像父辈们可以为了集体而牺牲自己，甚至变成工作狂人，从而疏忽了对于家人的照顾。他们甚至也不同于这个时代的其他男人，后者认为责任感、权威、韧性才应该是男人的代名词。

那么，"草食男"的登场说明了什么呢？有人认为，随着社会的发展，人们的物质生活越来越富饶，孩子们长大后也没有必要再为了生计而苦苦奔波，这也是促使"草食男"登场的原因之一。也有人认为，当今社会就业难导致新一代男性韧劲不足，缺乏活力，从而催生了"草食男"。还有人说，"草食男"的出现，是由于"肉食女"的崛起。也就是说，现在的女性太强势了，她们具有高效的执行能力，高度的责任感，优秀的业务能力，以至于让男人们自愧不如，从而慢慢步入了"草食男"的行列。

这些说法听上去都各有其道理，不是吗？

三十而不立
的大男孩

　　现在，天天围在子女身边、事事干涉的父母越来越多了。这样的父母被称为"直升机父母"。即使在孩子大学毕业走上工作岗位之后，他们也要事事操心。这些父母大多数把孩子当做是从自己身上分出去的一个部分而不是一个独立的个体。也正因为如此，他们才会如此热衷于干涉孩子的事情，并让孩子完全按照父母的意志行动。

　　但真正的问题在于，对于父母的过分操心和干涉，有些孩子根本不反感，反而非常依赖。这些孩子被称为"直升机小孩"。他们就像小袋鼠一样，一点都不想脱离父母，独自行动，甚至拒绝跨入让人头疼的职场，只想依靠父母生活。由于从小就没有独立做过决定，没有独自掌握过自己的人生，走入社会时，自然会有诸多不顺。

　　其实，在衣着光鲜的职业人士中，也有一部分人是"直升机小孩"。在他们很小的时候，连学习计划这样的事都是由父母制订的。长大后，在选择专业、配偶等人生的重大决定上，也都是以父母的意见为主。

　　35岁的朴院长毕业于名牌大学，现在在江南经营一家牙科诊所。开业后6年，诊所的运营渐渐步入正轨，发展得

父母的义务是把孩子引导到正道上，
让他们日后可以在生活上和精神上完全独立。

我儿子
究竟怎么了？

有模有样。当初开诊所的时候，他的父亲给予了他很多帮助。从选地址、搞宣传装修，无不是他一手操办。不仅如此，很多现在来医院就诊的人，当初也都是他父亲介绍来的。

其实，就连他的专业也是父亲决定的。之后，包括他毕业后去美国留学，然后回国开诊所，都是他父亲的计划。现在，他有个正在交往的女朋友。其实，两人早就想结婚了，但由于父亲对女方不太满意，他也就迟迟没敢决定。

孩子成长到一定阶段后，就需要从父母身边独立出来，成为一个能够对自己负责的个体。但当孩子们渐渐习惯什么事都由父母做决定之后，就会产生依赖性，并认为根本没有独立的必要。

这样的现象在男孩中间格外常见。无法独立的男孩长大后，会变得更加怯懦，不敢到社会的大熔炉中接受历练。父母的过度保护，让他们失去了作为男孩最为宝贵的特质：挑战精神、勇气以及进取心。

"直升机男孩"的问题在企业中则更为凸显。很多人事负责人常常抱怨，那些从重点大学出来的人，在真正投入工作的时候，其实远远达不到他原来的期许。虽然面试的时候，他们的表现常常优秀得让人叹为观止，但一旦真正投入到工作中后，却完全不是那么回事。

父母总是希望通过补课等各种方式，使得原本能力只有80分的孩子，看起来像100分一样优秀。但是在激烈的职场生活中，这种不牢固的"外包装"往往会不堪一击。虽有专业证书在手，却无法克服现实中的困难——这就是这些孩子最大的问题。

第二章
你有资格当"父亲"吗?

儿子需要什么样的爸爸

没有人天生就有资格成为爸爸。爸爸是要一点一点做出来的。在孩子成绩下降时表示一下关心，周末时偶尔给孩子买点好吃的——你是不是以为，这样就算是称职的爸爸了？错了，儿子需要的是"真正的父亲"。

第 1 节

父亲的诞生

爸爸也"怀孕"

电影《火星小孩，地球爸爸》讲的是，一个男人领养了"火星小孩"的故事。这个小孩由于被父母抛弃而备受伤害，并把自己称为"火星人"。不仅如此，他还下意识地排斥任何情感关系。电影最后，这位"地球爸爸"用浓浓的父爱融化了"火星小孩"心中所有的冰霜。

现在，也有很多人把孩子比喻为"外星人"。因为他还没有完全成长为一个完整的"地球人"，愣头愣脑的，常常不"按理出牌"，随时会有状况发生，常把他那"地球爸妈"搞得丈二和尚摸不着头脑。

养育孩子，需要超乎想象的努力和耐性。很多夫妻之所以能够克服种种困难还要养孩子，正是因为强烈的父爱和母爱使然。

从进化心理学的角度来看，所谓父爱源于想要把自己的遗传基因留给后代的原始欲求。这种欲求经过几十万年的时间，深深地刻在人类的基因上。所以，几乎所有的男人都具有父爱。

爸爸也"怀孕"

你相信吗？爸爸也"怀孕"。呕吐，失眠，疲劳……这些怀孕的

孩子不是妈妈一个人生的。
爸爸也一样经历了"怀孕"和"生产"的过程。

你有资格当"父亲"吗？

57

妈妈要经历的种种，他也一样会经历。甚至有的父亲的肚子也会鼓起来。同时，男性荷尔蒙的分泌会减少，人会变得更加感性。所以说，爸爸也是要经历"怀孕"的。

　　一家电视台曾经播放过《父爱大发现》的纪录片。在这个纪录片中，对年龄为 20 ~ 30 岁之间的未婚男性和已婚爸爸的雄性激素数值进行了一系列比较。结果证明，在妻子的怀孕期间，已婚爸爸们的雄性激素数值比较低。雄性激素是主管攻击性、成就感和性欲的男性荷尔蒙。当这种男性荷尔蒙的数量减少的时候,爸爸也会像妈妈一样，可以非常稳妥地照顾小孩。同时，他也变得更感性，这样就能在第一时间感觉的孩子的需要。

　　当孕期中的妻子突然想吃什么东西的时候，丈夫一定会在第一时间跑出去买，就算是深夜也毫无怨言。睡意惺忪的爸爸们，会带着幸福的微笑走出家门，为妻子和肚里的孩子买回米肠、炒年糕、水果……原本非常激烈的电视机频道争夺战也平息了下来，因为几乎所有的爸爸在这个时候都会不约而同地做出了让步。这与平时的热烈争夺形成了鲜明了对比。

　　男人就像温顺的小羊一样，对妻子的所有要求唯命是从。这是因为荷尔蒙的变化让男人的大脑彻底变成了"爸爸的大脑"。男性的这种荷尔蒙变化，在孩子出生之后，还会持续一段时间。

爸爸要充当全能保护者

　　在妻子怀孕和生产期间,丈夫需要充当全能保护者。在怀孕初期，妻子的妊娠反应会比较严重，情绪也比较脆弱，这时非常需要丈夫在身边悉心照顾。身体在短期内暴涨了十公斤会让妻子非常不适，容易疲劳，四肢也常常浮肿。再加上，在接近临盆的时候，情绪上容易紧张害怕。这段时期，准爸爸们要好好安抚妻子的心情，让她感受到切实的安全感。这样，她才能把全部的精力放在孩子身上。

到目前为止，已经有很多研究结果证明了，丈夫对怀孕妻子的情感支持是多么重要的一件事情。波士顿大学曾经发表过这样的研究结果：怀孕期间情绪比较稳定的妈妈生下的孩子，在出生后出现呕吐的情况会少很多。而且在出生两个月之后，较少对大人发脾气或哭闹。

这是因为妻子怀孕期间，如果情绪不稳定的话，体内会分泌压力荷尔蒙。它会直接传达到胎盘，从而对胎儿的发育造成不良的影响。尤其是在胎儿的大脑高速发育的时期，如果受到压力荷尔蒙的侵袭，会给他的脑细胞带来较大打击，甚至会影响他的性格和认知能力。

出生之后，孩子就要与妈妈建立依赖关系。刚出生的婴儿自己什么都做不了，吃喝拉撒全部要由父母来料理。而婴儿对于照顾他的人做出的反应——或者哭，或者笑，也是为了进一步建立"连带关系"。虽然这是婴儿的下意识的举动，但确实出于想要受到照顾的目的。

孩子虽然不能说话，但是可以通过不同的表情、声音、动作来表达意思。他还会常常向妈妈眨巴眼睛。当人们轻轻抚摸他的时候，他会以微笑回应。如果大人可以对这种微笑加以回应的话，他会笑得更多，还会兴奋地自言自语。有时还会高兴地摆动着小胳膊小腿。通过这种方式，孩子可以表达情感，这也是说明他的社会性正在发芽。另外，孩子这些可爱的举动，往往会引起妈妈们极大的爱怜，从而形成稳固的亲子关系。

由此可见，孩子与妈妈间的依赖关系，足以影响他的感情表达和社会性的形成。但如果处在不安的环境中，即使妈妈再怎么努力，也不能达到良好的效果。这时，爸爸的支持和帮助就变得不可或缺。

你有资格当"父亲"吗？

爸爸，
并非旁观者

心理学家说，小的时候与照料者形成的亲近关系会影响一个人长大后的人际交往。

精神分析的创始者弗洛伊德说，孩子只会与喂养自己的人形成亲近关系。而一般来说，给孩子喂奶或者喂吃的人大多都是妈妈。所以按照他的理论，孩子只会跟妈妈形成亲近关系。同样，"依赖理论"的创始人英国精神科医生波尔比也认为，孩子与妈妈之间的亲近关系将决定孩子的社会性。总之，在传统的心理学理论中，这种依赖关系的主体大多都是妈妈。

不过，此后也有很多研究表明，孩子除了和妈妈形成依赖关系之外，还可以跟其他很多人形成类似关系。

英国心理学家沙波瓦·埃默森曾经以 6 ~ 18 个月的幼儿为对象，测定他们与其他人之间的"依赖强度"。也就是说，设置两种情景——妈妈不在，或者爸爸不在，然后观察孩子的反应。

在这个实验中，测试者把孩子独自放在床上或者婴儿车里，然后推到房子外面并观察孩子的反应。结果，当妈妈不在的时候，孩子的反应十分激烈，但是很快就会平息。然而颇让人意外的是，当爸爸不在的时候，孩子竟然也会号啕大哭。这说明，孩子跟除了妈妈以外的人比如爸爸也可以形成依赖关系。

而爸爸们如果要和孩子形成更好的依赖关系，就不能只是赚个奶粉钱就够了。爸爸还要跟孩子不断地进行身体接触，弥补妈妈无法给予孩子的那部分。有些研究者声称，在形成依赖关系方面，爸爸与孩子之间相互作用的强度，比其照看孩子的时间长度更重要。爸爸们虽然不能像妈妈一样每天照顾孩子，但是只要和孩子在一起的时候，能够全情投入并让他玩得尽兴，也可以形成良好的依赖关系。这一点，希望每个爸爸都能铭记在心。

多抱抱儿子吧

与女孩相比，男孩缺少拥抱，而他又不像女孩那样善于表达自己的感情。要知道，小时候没有被充分关心和宠爱过的男孩，长大后具有暴力倾向和学习障碍的可能性会非常高。所以，做父母的不妨多关心一下儿子，多摸摸他的头，多抱抱他，这会让他感觉到被爱。爸爸们则可以通过运动和游戏增加双方的身体接触，从而满足儿子心理上的需求。

爸爸需要有敏锐的触角，要知道孩子喜欢什么，不喜欢什么。为此，就要经常和孩子打交道。当孩子有什么新发现或者感触的时候，可以诱导他要用语言或者行动表达出来。比如，当孩子看起来很累的时候，爸爸就要问一下是怎么回事。通过这样的方式，可以让他感受到充分的关心。

在形成依赖关系方面，爸爸与孩子之间相互作用的强度，比其照看孩子的时间长度更重要。

你有资格当"父亲"吗？

由一个男人蜕变为一位父亲

爸爸在养育儿子的过程中会经历很多新的事物。以前，男人们在制订目标并努力达成目标的过程中获得极大的成就感和快感。这是大多数男人的倾向，他们熟悉进取，熟悉竞争。

但是在成为爸爸之后，这种倾向就会变得模糊。第一次，他们开始在意别人的感觉。他们会留心观察孩子需要什么，也将在这个过程中体会到为人父的滋味。

原本只有女性才会注重"关系以及与对方的亲近感"，但如今父亲也开始在意了起来。第一次，在他们的人生中，更加重视内在的幸福生活，而不是外在的成功。

但是，男人们从小就是在以"行动"为核心的教育系统中长大，习惯于在问题发生的时候马上解决问题，制订目标，然后达成目标——总之，他们一定要"做成"什么，才能获得成就感。为了让自己看起来更加有用，男人们一定要做一些至少看上去非常有成效的事情。所以，男人非常不习惯在家里照顾孩子，总觉得这种行为"没有成效"。

很多男人并不会积极参与到孩子的养育过程。我虽然养有 3 个子女，但同样不可避免地成为"旁观者"。

大儿子出生的时候，正好是我专业学习中最忙碌的一段日子。当时我每两天就得值一次班，所以回家的次数并不多。即使在医院里累到"半死不活"地回到家里，也只是一倒头就睡了，顶多就是看一眼儿子，抱一下就算了。在想睡觉的时候，如果孩子不断哼唧的话，我也会非常不耐烦。虽然偶尔会帮孩子换一下尿布，热一瓶牛奶，但也只是在妻子无比忙碌时的无可奈何之举。

当时工作忙碌虽然也是一个原因，但那只是一个外在原因。最根本的原因还是在我这里。我的竞争意识和进取心都非常强，认为照看孩子简直是毫无"生产效率"可言的事情。周末如果我在照顾孩子的话，总会觉得有点不安——明明还有一大堆事情还要做，却还在家里闲着。当时我真认为照顾孩子是件非常无意义和无效率的事情。

爸爸们对于照看孩子这件事非常不熟悉。但是，当孩子长大后又往往会后悔：为什么孩子小的时候自己没有多陪他玩一下。

在积极参与养育子女的过程中，爸爸可以拓展自我的内心世界。他既要保证外界环境的安全，又要维护妈妈和孩子之间的关系。同时，还要以孩子为中心，与妻子形成稳固的三角关系。

在这个过程中，爸爸会对妻子的需求以及与妻子的关系投入更多精力。在这样的两性体验中，爸爸会从统治欲强大的男性角色中慢慢解脱出来，成为既独立又懂得体恤他人、懂得维系情感的"现代优质男人"。

孩子可以让一个男人变成父亲。你是父亲吗？
还是男人呢？潜在的父爱需要被唤醒。

你有资格当"父亲"吗？

你有资格当"父亲"吗?

没有天生的好爸爸

在电影 *EBLIN* 中，被迫与子女分离的爸爸，历经重重难关，终于在法庭审判中获得了胜利，重获与孩子共同生活的权利。整个影片中流动着浓浓的父爱。

Eblin 的妈妈在受尽了生活的磨难之后，终于忍无可忍，抛下了老公孩子离家出走。当地法院认为，Eblin 的爸爸戴斯蒙德没有养育子女的能力，于是通过审判把孩子送到孤儿院。在法院的强行命令之下，戴斯蒙德被迫与孩子们分离。

此后，沉浸在分离悲痛中的戴斯蒙德决定用尽一切力量把孩子找回来。虽然他挑战的对象是威严的法院，获得胜诉的可能几乎为零，但戴斯蒙德毫不畏惧，决定战斗到底。因为他不能让孩子们在孤儿院里度过孤独的童年。在漫长的争夺战之后，强大的法院终于举手投降，把戴斯蒙德日思夜想的孩子们还给了他。

刚开始时，戴斯蒙德并不是好爸爸。他没有正当的职业，每天

身为一个父亲，只要你不放弃，就永远不会"失败"；只要愿意尝试，就会获得意想不到的成果。

你有资格当"父亲"吗？

酗酒，无所事事，以致妻子忍无可忍，抛下孩子离家出走。那么，最终到底是什么唤起了他的父爱呢？是一种恐惧，一种与孩子们生生离别而产生的恐惧。

所有的男人都有父爱。但并不是每个人一开始就能成为好爸爸。在养育孩子的过程中，一个个危机需要克服，一个个失误需要弥补。然后，男人才能成长为一个合格的父亲。

为了唤醒沉睡的父爱，就要经常跟孩子接触。不要再为忙碌找借口了，时间飞逝，孩子会在一瞬间长大。到那个时候，他再也不需要爸爸的帮助了。要知道，爸爸能够对儿子产生最大影响的阶段，通常集中在幼儿园至小学的短短几年的时间内。

在与孩子亲切交谈、一起玩耍的过程中，父爱会越来越浓。尤其是当爸爸在儿子身上发现自己的影子的时候，更能切实地感觉到"血浓于水"的震撼。儿子的不亲近，儿子的柔弱会激发爸爸的保护欲。当爸爸献出父爱的时候，孩子也会给予情感上的回报。但是，这一模式并不是自动开启的。想要成为一个好爸爸，就要有"铁杵磨成针"的努力。

　　心理学家斯蒂芬·波尔特，用 25 年的时间，对 2 300 名爸爸和儿子进行多次访谈之后，总结出以下几种爸爸类型：

　　第一类，"成果至上型"。这种爸爸只用看得见摸得着的成果评价一件事的价值，并且有追求完美的倾向。在这种爸爸身边长大的男孩，会被压抑得喘不过气来。所有的孩子，都想通过直接或间接的方式获得爸爸的认可，而"成果至上型"爸爸只会让他们遭受否定和打击。

　　第二类属于"定时炸弹型"。这种类型的爸爸会让孩子在恐惧中长大。他经常会强迫孩子做事情，还动不动就使用暴力，以此来树立自己的权威。一旦遇到什么不顺心的事，他就会把气一股脑地撒在家人身上。

　　"定时炸弹型"爸爸其实也知道自己是个不称职的爸爸，但这种自责感反而会让他操之过急，把事情弄得更糟。当他看到自己的缺点在体现在儿子身上时，他就更急躁了。有这种爸爸的男孩，会感到非常困惑、害怕和不安。

　　第三类就是"被动型"。大多数爸爸都属于这个类型。这种爸爸性格非常沉着。他很勤劳，但与家人几乎没有感情沟通，就更别提给

如果爸爸忽略儿子，
他就会想尽方法吸引爸爸的注意。

你有资格当
"父亲"吗?

予儿子什么鼓励或者爱的表达之类的了。通常，他对人没有控制欲，即使与儿子意见相左，也不会强制他接受自己的意见。

"被动型" 爸爸这种"沉默"的状态，并不利于男孩的长远发展。孩子无法从爸爸身上学到身为男人与父亲的行为模式，当他长大成人后，将不知如何面对配偶与自己的孩子。

第四种类型，就是"不在型"。虽然与"被动型爸爸"一样，这种类型的爸爸与孩子也没有什么情感上的交流，但与前者完全不同的是，他干脆远离了孩子的生活。"被动型"爸爸最起码人还在家里，"不在型"爸爸则基本上处于消失状态了。

这样的爸爸会让孩子觉得自己被彻底抛弃了，并认为自己在爸爸眼里根本就是可有可无的，从而陷入悲伤和愤怒的情绪中。当他长大后，将会出现人际交往方面的问题。因为他会将"被爸爸抛弃"的愤怒宣泄在周围的人身上。

最后一种类型，就是"慈祥的人生导师型"了。正如其名，这样的爸爸具有宽广的包容心，并且具有领导气质。他可以清楚地区分爱和训导，并积极给予孩子情感上的支持。

这种类型的爸爸会让孩子感觉到，自己在爸爸眼里是非常宝贵的，并让他相信，即使他失败了，爸爸也会一如既往地支他。在这样的爸爸关怀下成长的孩子，懂得尊重别人，也懂得给他人以情感上的支持。可以说，这是所有的爸爸类型中，最值得学习的一种。

那么，爸爸们，你属于哪种类型呢？

对于男孩来说，最坏的爸爸类型是：平时是毫不关心的"被动型"；考试前，变成不断催促学习的"成果至上型"；考试成绩不好时，就变成"定时炸弹型"。

只会赚钱，
不是好爸爸

工业时代，只要是能赚钱的爸爸就被认为是好爸爸。当时的爸爸们只要不干下面这些事，就能赢得"好爸爸"的称号。比如，不外遇、不赌博、不酗酒、不使用暴力等。当然，如果偶尔带上孩子出去吃个饭，或逛个公园什么的，就可以立即升级为"最佳老爸"了。因为在那个年代，爸爸在外面赚钱养家就算是对家庭最大的爱了，谁也没有期待更多。每天下班回家都万般疲惫的爸爸们，根本没有多余的精力再与家人谈心了。

直到 20 世纪 80 年代，爸爸依然是家庭的支柱，是绝对权威。在家里，爸爸的话就是法律，即使与自身的想法不一致，孩子们也只能无条件服从。但随着时代的变化，现在已有相当一部分爸爸正在经历着角色变换的困惑。因为以前从父辈那里所承递下来的父亲形象，已经与这个时代所要求的父亲形象格格不入了。

如今，社会价值观的取向已从"成功" 慢慢向"幸福"转变。在这个时代，人们更重视与家人同享的幸福感，而不是外在的成功。现在的父亲们都是在父辈们的绝对权威下长大的，如今却被要求积极地参与家庭事务以及养儿育女的生活杂事中。也就是说，他们被要求

爸爸与儿子的交流，会对其人格的形成以及梦想的树立起到至关重要的作用。

你有资格当"父亲"吗？

成为一个极其"家庭型"的男人，要跟孩子们打成一片。然而这一切对他们来说太陌生了，因为他们小时候根本就没有经历过。

另一方面，目前在30岁到40岁的男性中还是有很多人仍然把事业放在第一位，家庭则是其次。因为他们的父亲就是这样的，所以对于今天社会所要求的"新父亲形象"，他们仍然比较陌生，但这并不意味着他们不想成为好爸爸。他们选择的方式是，周末的时候尽量与家人出去一起吃饭，以此来弥补自己错失的"家庭时间"。

在他们看来，给孩子买他们喜欢吃的炸酱面或者意大利面，回来的路上顺便陪他们在公园里玩会儿，就已经算是做得很到位了。而他们在做这一切的时候，完全出于一种类似"做作业"的心理，际上并没有真正享受到与孩子在一起的快乐。

总是想用金钱来填补缺失的时间，却忽视了与孩子的感情交流。这就是这个时代父亲们的写照。

爸爸怎样过周末？

根据一项调查结果，在韩国，爸爸们每天跟子女交谈的时间不超过三分钟，而说话的内容也大多局限在"快学习吧""不要总玩游戏"或者"有时间读点书"等命令式的语句，至于孩子们在学校过得怎样、关心什么、苦恼什么则很少谈及。

与此相反，犹太人的家庭则是完全以爸爸为中心的。孩子们在模仿爸爸的过程中慢慢成长起来。在这个过程中，安息日起到了非常关键的作用。安息日以每周的周五日落开始，到周六的日落时分结束。在这段时间里，既不能干活也不能工作。

在安息日的时候，所有的人都会停止所有劳作。爸爸会利用这段时间好好跟孩子们谈谈心，把平日里积压下来的问题一次性解决掉。爸爸会把孩子们一个一个叫到房间里，然后跟他们聊聊这一周在学校里学到的东西，遇到的事情。虽然只聊大约半个小时，却可以在繁忙的生活中与孩子们建立起情感上的纽带。

但是韩国的爸爸们呢？周末的时候，他们往往忙着补觉，以此来缓解一周下来积累的疲惫。这些爸爸们连手指头都不愿意动一下，只是窝在沙发上看电视，或者出去登登山，钓钓鱼，只是丰富一下自己的业余生活而已，就别说跟孩子们聊天了。

如果平日很难早回家与家人们一起吃饭的话，那至少周末的时候要抽出一天的时间，好好地陪陪孩子。如果连这点也做不到，那对于儿子来说，有没有父亲都是一样的。没有人天生就是称职的爸爸，这都是要一点一滴做出来的。

儿子是在模仿爸爸的过程中长大的。爸爸的行为模式会直接反映到他的身上，对其人格形成以及梦想的建立起到更为重要的作用。在男孩成长的过程中，爸爸没有必要非得急于教会儿子什么，也没有必要苦思冥想要送给他什么礼物，多与孩子们的交流才是最为重要的。有时，10次的礼物，还不如1次拥抱来得重要。

抛开"努力工作就是爱"的错误观念

　　奇秀有一个正在读初中一年级的女儿和一个小学二年级的儿子。由于小时候家境困难，他不想再让他的孩子们经历同样的痛苦，于是每天兢兢业业地工作。平时，他根本没有时间陪孩子玩，也不知道跟孩子该怎么相处。在他看来，努力工作就是对孩子最大的爱。

　　但是随着孩子慢慢长大，有时候跟他们待在一起时，气氛竟然变得有些尴尬。有时，因为看不惯孩子的很多行为，他忍不住会说上几句。这让孩子们渐渐不喜欢和爸爸在一起。

　　进入小学后，儿子表现得比较散漫，也比较易怒，有时还会对妈妈大声顶嘴。每当这时，奇秀都会狠狠地教训一下儿子。而他那从小就很会看眼色行事的女儿，就会乖乖地躲到自己的房间里去。这让奇秀稍感安慰，以为女儿至少还算听话。

　　直到有一天学校的班主任打电话过来说，女儿竟然在学校偷偷抽烟，这让奇秀着实受到不小的冲击。他把女儿叫过来了解情况后，一时控制不住情绪，扇了女儿一巴掌。女儿一气之下夺门而出一整晚没有回家。奇秀实在弄不明白，孩子们到底怎么了，问题到底出在哪里。

在与奇秀聊天的过程中，我了解到他自己其实就非常讨厌他爸爸教育他的态度。他本以为，最起码自己不会打骂孩子，仅这一点就足以让他显得与自己的父亲不同了。然而现在他才明白，原来自己教育孩子的态度也与自己的父亲别无差别。这让奇秀非常自责。

奇秀从小就没受到父母非常温暖的照顾，这让他不知道该如何关怀子女。这其实并不是他的错。经过一段时间的咨询之后，奇秀接受了我的建议。他慢慢学会了站在孩子的立场上对话；舍弃了命令式的口吻，而是改成"拜托"式；回到家之后，第一件事就是抱抱孩子们；也懂得了尽量克制自己的坏脾气。

随着奇秀的变化，孩子们也发生了变化。儿子渐渐收敛了散漫成性的性格；而一度彷徨的女儿，也慢慢找到了自己的梦想，并开始为之努力奋斗。

随着爸爸奇秀的改变，家里的气氛也发生了变化。看到面目全新的爸爸，儿子兴奋地高呼："我们的爸爸不一样了呢！"

看来，原本专横木讷的爸爸也可以通过努力寻求改变。而让奇秀发生改变的密钥就是——父爱。虽说所有的男人都有父爱，但关怀和情感还是需要积累的。跟孩子接触的时间越长，这种情感就会越深厚。即使是血肉至亲，如果不表达的话，双方的关系也不会变得更亲密。具体点说，在跟孩子待在一起，一起玩耍的过程中，父爱才会升级。

没有感受到父爱的儿子，
很容易走入歧途。

你有资格当
"父亲"吗？

在人类所有的自卑情节中，最糟糕的一种就是"觉得自己不受父母重视，甚至没有被爱的资格"。相反，当孩子觉得自己在父母眼里是非常特别的存在时，自信就会油然而生。小时候没有被好好爱过的人，长大后非常容易出现人际交往方面的问题。因为小时候缺乏爱，他们的依赖心理比较强，会急于找一个人依靠。

尤其是没有获得充足的父爱的男孩，最容易走入歧途。所以说，不是供孩子吃住，送他上学，就算尽到了父亲的责任了。爸爸必须时刻给予儿子以情感上的支持，这样才能让他拥有独立的人格。要知道，儿子的自信和自豪感都是从与爸爸的关系中获得的。

你不需要当个
"万能爸爸"

对孩子来说，到底什么样的妈妈才算是好妈妈呢？是凡是孩子的需求通通满足的"超级妈妈"？还是为孩子提供最起码的成长空间的妈妈呢？

英国少儿精神科医生多纳尔德·维尼考特曾以妈妈和幼儿为对象进行过研究。研究结果表明，"超级妈妈"，也就是"完美妈妈"(Perfect Mother) 反而会"毁"了孩子。这种妈妈什么事都为孩子做，却剥夺了孩子成长的机会。孩子在成长的过程中，需要经历适当的挫折。父母的过度保护，只会让他越来越没有主见。

与"超级妈妈"相对应，维尼考特还提出 一个"足够好妈妈"(Good Enough Mother) 的概念。

"足够好妈妈"可以给予孩子无偿的爱。当孩子需要妈妈的时候，她会及时作出反应。但同时，她也会保留让孩子充分经历磨难的空间。这样的妈妈把儿子看成是一个独立的个体，所以会让他经历很多事情，然后自己作出决定。当与儿子发生矛盾的时候，她不会若无其事掩盖过去或使用强制手段，而是通过说服和妥协的方式解决问题。

通过"足够好妈妈"的概念，我们也可以顺势得出"足够好爸爸"

你不必成为"全能爸爸"，
做个"足够好爸爸"就可以了。

你有资格当"父亲"吗？

的概念。这种爸爸会为孩子的成长提供一个安全的环境并引领孩子走向未知的世界。他还会通过切身的实践，让孩子一点一点地走进这个社会中。另外，"足够好爸爸"会赋予孩子勇气，让他在摔倒的时候不要一蹶不振，而是要拍拍尘土，站起来重新开始。

"足够好爸爸"的另一个重要职能就是帮助儿子直面大的挑战。随着一个个困难的得到克服，孩子将慢慢成长起来。同时，他还教会儿子如何调节情绪，并拥有足够宽广的胸襟去应对这世上所有纷乱复杂的事情。

21 世纪幸福孩子的条件

圣心女子大学心理学院的蔡奎万教授曾经提出过"21世纪的幸福孩子需要满足的几项条件"：

第一，强烈的自我尊重感。当一个人觉得自身的存在有价值的时候，才懂得尊重别人。懂得珍视自己的人，才懂得鼓励别人、关怀别人。

第二，决定力。这一能力与克制冲动和延迟满足的自我控制能力有关。

第三，极强的自信心。虽然别人的意见也值得尊重和参考，但是没有必要过于在意别人的眼光或评价。人生是自己的，要让孩子从小就树立"自己才是人生的主人"的信念。

另外，正确表达自我情感的"感情表达能力"也是必备的。在这方面，父母就是最好的榜样，因为父母在生气或者遇到挫折时的反应，就是孩子学习的榜样。

同时，还要从小培养孩子的责任心。遇到问题的时候，要学会不推卸责任，勇于担当。而且，在孩子犯错误的时候，与其直接帮他改正，不如为他提供一些预防措施，以免他重蹈覆辙。

进入 21 世纪，领导能力成了比智商更加重要的素质。具备领导能力的人，很容易在社会上获得成功。而在培养领导能力方面，爸爸绝对是要挑大梁的。

第三章
爸爸的今天，儿子的未来
爸爸给儿子带来的影响

妈妈把儿子抱在怀里，爸爸则把儿子往外送。儿子通过爸爸的眼睛接触世界，用爸爸的方式面对世界。爸爸们，你将给儿子带来什么样的影响呢?

儿子成长的秘密——父亲

　　19世纪的英国思想家约翰·斯图尔特·密尔被称为是"维多利亚时代的亚里士多德"，是一位天才型的学者。在密尔的天才成长之路上，他的爸爸起到的至关重要的作用。密尔的爸爸詹姆斯非常注重对儿子的教育，并且直接担负起了教育儿子的重任。

　　从密尔的自传中，我们可以了解到他的爸爸对他的教育是多么严厉。密尔3岁开始学习希腊语，读的都是希腊和罗马的原版著作。不仅如此，他还在许多领域接受良好的教育，包括历史和哲学。

　　密尔的爸爸当时是印度的总督秘书，虽然工作十分繁忙，但他还是亲自教育儿子。即使是散步的时间，他也要与密尔交流一下前一天的学习内容。

　　而密尔也没有让爸爸失望，他学习非常认真刻苦。在爸爸的教育及自己的努力下，没有接受过任何正规教育的密尔，在16岁时的知识水平已经接近别人40岁的水平了。

　　只要多一分钟关注，男孩或许就能够成为班长、学校的风云人物。长大后，他也会成为为别人带来欢笑的男人。

爸爸的今天，
儿子的未来

81

目前，已经有很多研究结果表明，爸爸的爱和关心可以对儿子的学习成绩和日后的成就造成决定性的影响。

心理学家赫里斯说，儿童时期与爸爸关系密切的孩子，不仅心理比较健康、聪明，而且学习成绩通常也比较好，即使进入社会，也能找到一份理想的工作。加利福尼亚州立大学主讲教育学的邓肯教授则发现，"爸爸是否参与学校运营委员会"对子女日后的收入影响很大。这是因为，如果爸爸积极参加学校运营委员会，说明他对子女教育是高度重视的，那么，也就不难预见以上所说的那种结果了。

开放大学的丹尼尔·内特尔教授的研究小组在研究此类课题时，也获得了相同的结果。这个研究小组曾经以《国立儿童发育研究》中（以 1958 年出生的人为对象）的材料为基础进行了一项实验。在正式研究前，他们还事先采访了妈妈们，向她们咨询了爸爸在教育子女过程中的参与度，并给每个爸爸打了分，以此为参考数据进行下一步的调查。到了 2005 年的时候，对当年那些参与调查的孩子的智力、学历以及收入进行了调查。结果表明，爸爸参与到教育中的时间越多，孩子长大后获得成功的几率也就越大。

还有一点比较特别：爸爸在成长过程中对儿子的影响要明显大于对女儿的影响。另外，在其他所有条件都相同的前提下，受教育程度高的爸爸对儿子的影响力要更大一些，因为他们大多更加关注儿子的教育问题。这同时也说明，爸爸陪在儿子的身边很重要，但是什么样的爸爸陪在儿子的身边则更加重要。

费曼是一位与爱因斯坦齐名的天才物理学家。1965年，"因发散的思维、充满创意的思考以及卓越的研究成果"，他获得了诺贝尔物理学奖。他的《费曼的物理学讲义》也成为世界物理学领域的经典之作。

然而，在费曼成长为天才物理学家及独创性思想家的过程中，他的爸爸起到了至关重要的作用。他在自传中曾经提到，爸爸从小就教育他用"科学的眼光"看问题。

在费曼很小的时候，爸爸就买了很多不同颜色的浴室瓷砖回来，以帮助他认识数学领域里的基本关系。刚开始的时候，爸爸先让费曼把瓷砖当积木玩，让他对瓷砖产生熟悉感。然后，他在费曼面前先摆两个白砖，再摆一个蓝砖，再摆两个白砖，然后继续放一个蓝砖……以此来帮助费曼建立数字概念。

此外，费曼的爸爸还会用非常独特的方式为他读书。比如爸爸在给他讲百科全书的时候，会把书上的"恐龙是很早以前就已经灭绝了的动物，身长8米，头围2米。"解释成："恐龙的大小比我们整个家还要大，它看我们的时候，就像我们从二楼窗户往下看楼下的人一样。

天才们的爸爸教育孩子时，并不只是教会他知识，还要让孩子自己领悟，自己思考。

爸爸的今天，
儿子的未来

不过它的头太大，没法从窗户里伸出来。"爸爸独特的教育方法，总是让枯燥晦涩的内容变得生动有趣，把费曼领入了神秘的科学世界。

周末的时候，爸爸总会带费曼去森林里玩，然后让他细心观察森林里各种各样的景物。当费曼对某样东西显示出兴趣的时候，爸爸就会解释给他听。这种教育方式，不同于学校里的填鸭式教育，让费曼养成了科学的思考习惯。

有一天，费曼的朋友指着天上的鸟问他：知不知道那个鸟叫什么？费曼回答说不知道。然后他的朋友就得意洋洋地说出了鸟的名字，并嘲讽道："原来你爸爸什么都没教你呀。"事实上，费曼早就知道那只鸟的名字了。

"你看到那个鸟了么？它在每个国家有不同的名字，我可以用很多国家的语言说出它的名字。但是，对于这只鸟，我却一无所知。所以，我们还是先观察一下这只鸟吧。这才是真正有必要的。"

爸爸的这种教育方式，让费曼从小就明白，知道一个对象的名字，与真正了解一个对象，完全是两回事。而且，不管费曼问什么，爸爸都不会给予明确的回答，以挑起费曼的好奇心。正是这种强烈的好奇心和探求欲，为费曼成为天才物理学家奠定了坚实的基础。

谈到教育，妈妈们独挑大梁的情况还是非常常见。不过，现在人们已经渐渐开始明白，爸爸在养育孩子的过程中同样具有非常大的影响力。尤其在养育儿子时更是如此。**有些事情妈妈管不了，只有爸爸出马才有效果。**

跟爸爸玩耍让孩子觉得更有趣。妈妈们顶多跟孩子玩玩拍手或者读书等静态游戏，但是爸爸却可以跟孩子一起跑动，和他玩一些类似抓痒等有身体接触的动态游戏。在跟爸爸零距离玩耍的过程中，儿子消耗着身体的能量，并且直接感受父亲的肌肉之力。这是一个让儿子对爸爸的威严和权威产生意识的良好契机。通过身体间的接触，男孩可以切实地感受到与爸爸之间的连带关系。

与妈妈不同的是，爸爸可以跟儿子在山上或者田间打滚玩耍，即使弄了一身泥土也没有关系。有时，当男人特有的竞争心理被启动，爸爸们也会为了从儿子那里把球抢过来而使劲浑身解数。在这个过程中，可以培养孩子的挑战精神，并让他通过健康的竞争方式获得成就感。但是妈妈们显然起不到这样的作用。**只有爸爸们才能激发孩子身上的男性特质，并帮助他更加健康地成长。**

当妈妈和儿子发生冲突时，就让爸爸来处理，他一出马就有效！

爸爸的今天，儿子的未来

同时，爸爸还会经常找出一些儿子想也想不到的稀奇古怪的游戏来逗他开心，并激发他的好奇心。与此相比，妈妈们的游戏显然缺乏些想象力，通常都在儿子的意料范围内。

爸爸也有办法让正在胡闹的儿子镇定下来。比如说，我的孩子们不管再怎么胡闹，只要我一出面，他们就会立刻变得安静。所以说，爸爸的话通常都比较有分量。一般来说，孩子们也知道，如果爸爸出面了，那说明自己真的闹得有点过分了。而且，在训孩子的时候，爸爸的重低音显然比妈妈的高音更加适合。因为沉沉的声音往往更加让人害怕。

在养育男孩的过程中，对于不听话的儿子，妈妈们每天往往都要大喊大叫好几次。由此可见，妈妈们往往会由于儿子的行为产生极大的情绪波动，但是爸爸们却可以退一步来观察儿子的举动，相对来说也比较理性。当儿子胡闹或者大声顶撞的时候，妈妈们可能会不知所措或者提高声调，但爸爸们的反应与妈妈不同，他们会相对冷静，可以更好地控制情绪。

而且，当儿子行事冲动时，爸爸们如果可以不即刻做出反应，而是冷静观察他的表现的话，将会成为儿子学习自制能力的好榜样。儿子会把爸爸的行为模式内化为习惯，并从中学会如何控制自己的攻击性行为。通过爸爸这个"模板"，儿子学会了作为男人应该有的"节制"和"调解"。

妈妈绝对无法替代爸爸的位置

爸爸对儿子的影响是决定性的。父爱的缺失对儿子所造成的不良影响，在孩子不满一岁时就已经显现。没有爸爸的男婴，在用视线追逐事物、抓东西、爬行等活动方面，存在明显的不足。也就是说，这些男婴关注自己胜过关注身外的其他事物，但后者是构成人的社会性的一个根本要素之一。除此之外，还有研究表明，没有爸爸的男孩，长大后面临贫困的几率比一般人高出 5 倍。

我在前文提过，已经有诸多研究表明，如果爸爸积极参与到儿子的教育过程中，可是让他在语言能力、解决问题能力、社会交往能力更加突出。

与此相反，没有得到爸爸关心和爱护的男孩，普遍缺少自我尊重感。即使妈妈再怎么做得全面周到，也无法填补爸爸的位置。当然，我并不是说，没有爸爸都会带来这样的结果，而是说爸爸会给孩子的成长带来直接或间接的影响。

爸爸可以让男孩形成男性特质

在养育男孩的过程中，爸爸的缺席带给孩子最大的缺失就是男性特质。男孩的男性特质是跟爸爸一脉相承的。当身边没有任何适合学习的榜样的时候，他就无法形成兼具坚韧与平和为一体的男性特质。因为在他们的脑海里，没有适当的男性形象，于是就会以偏概全，认为所有与女性特质相反的特性就是男子汉应该具有的特质。比如，当他们认定感性、柔和、关怀、爱护等特质属于女性时，就会一概排斥。

这样的孩子，唯有通过电视等大众媒体或者邻家叔叔才能获得有关男性特质的认知。但是如果周围的人无法给他做好榜样，他就没有办法形成正确的性别意识。因此，很多男孩就会故装强悍唯有通过这种方式不断确定自己显得够"男性"，他才能安心。

同时，为了掩饰自己内心中的不安，他会故意采取粗鲁和攻击性的态度。因为对自己缺乏自信,在别人冷待他之前他就先冷待别人,这样才不会被人发现他内心深处的恐惧。与此同时,对于软弱、失误、依赖等被认为是女性特质的关键词,他会一概予以排斥。通常,他不太容易与别人形成亲密关系,跟异性的交往也不会顺利。

当儿子做成某件事的时候,如果可以从父亲那里获得肯定和称赞,将会给他带来极大的自信心和自尊感。相反,不曾获得父亲称赞的孩子,为了填补内心的空虚,只有不断地工作。所以,男性"工作中毒"的比例相对较高,就不是什么令人惊奇的事情了。通常,儿子是在模仿爸爸行为的过程中长大的。爸爸的一举手一投足,最终都将反映到儿子身上,并对他的人生产生极大的影响。不过,爸爸们不用刻意要教会男孩很多东西,也不用为给他买个生日礼物而绞尽脑汁,更不用非得带他去游乐园。其实,日常生活中的沟通和交流才是最重要的。有时,一个简单的拥抱就能改变儿子的一生。

爸爸给儿子留下的怎样的形象,往往比教了儿子什么更加重要。大部分爸爸们平日里都在忙工作,忙会餐;周末的时候则要忙着补觉。也有些爸爸,一到周末就躺在沙发上看电视,手指头也不愿意动一下。而有些爸爸则会去登山或者发展一下兴趣爱好。

对此,我的建议是,如果平时没办法早点回家跟家人一起吃饭的话,那么至少每周能够腾出一天的时间留给儿子。如果连这个都做不到,那就跟没有爸爸没什么两样。没有人天生就是称职的爸爸,称职的爸爸是要一步一步做出来的。

近来，"超级爸爸"的称号不绝于耳，甚至丝毫不输给"超级妈妈"。所谓"超级爸爸"，就是指在外辛苦工作的同时，还要帮助料理家务和教育孩子的新好爸爸类型。现在已经不像过去那样，只要能赚钱是好爸爸。在这个时代，男女双方大多都要在外工作，而追求生活与工作的平衡也成了社会的主流，这下爸爸们可要辛苦了。在今天，如果由于过度忙碌而无法照顾家人，爸爸们就会落得个"不良爸爸"的标签。所以说，以前那个仅靠着"爸爸"的头衔就能获得权威和尊重的时代，已经完全过去了。

在这样的社会氛围中，积极投身于子女教育的"超级爸爸"应运而生。这些在过去只重视事业成功的爸爸们，已渐渐了解到，通过经营家庭幸福同样可以获得成就感。他们会主动帮孩子寻找课外辅导，周末的时候还会带孩子出去踢球。有的爸爸甚至主动担起重责，全权安排孩子的休假。

但是在教育态度方面，如果爸爸和妈妈过于类似也不是好事情。因为有些品质只有爸爸才有，有些事情只有爸爸才能教，这种教育角色的差异性还是有必要保留的。

爸爸应该经常与孩子一起玩耍，才能给予他动态的刺激。
通过一些身体游戏，可以促进男孩的大脑发育。

爸爸的今天，
儿子的未来

所谓"超级爸爸",并不是说爸爸要同时兼具妈妈的作用,而是爸爸不要只是为了事业成功而奔波,还要好好照顾家庭。爸爸在给予孩子关心爱护的同时,还是要把自己身上的男性特质原封不动地保留下来。

一点点的攻击特质,强健的肌肉感,处理危机的态度……这些特质只有从爸爸身上才能习得,并终将在男孩成长过程中起到至关重要的作用。

小学时开始开发"感性的大脑,有经验的大脑"

男孩一般都比较听爸爸的话。爸爸的一句话,往往比妈妈的十句唠叨更管用。爸爸能够给孩子的"刺激"也是如此。虽然跟爸爸相处的时间不多,但是所获得的"刺激"显然更加强烈,而正是这样的刺激,可以促进男孩大脑的发育。

在3岁前,孩子需要通过各种游戏来刺激全身上下的各个感官,同时刺激语言中枢。也就是说,这个时期是"感觉的大脑""感情的大脑""语言的大脑"发育的黄金时期,而这些也是构成社会性的基本要素。

人的大脑是由后向前发育的。大脑最后面的枕叶掌管着视觉的中枢,在其前面是听觉中枢。大脑的中间地带是整合视觉、触觉、听觉等感官情报的大本营。而大脑最前部分的前额叶则对所有情报进行分析判断。

我们常说一个人聪明与否,在于他的额叶功能是否突出。所以说,前额叶算是一个"学习中枢"。代表着人类智能区域的前额叶是发育最慢的,这个过程从出生开始,一直持续到25岁。尤其是男孩的前额叶的发育往往比女孩慢 1 ~ 2 年。

男孩的学习能力与其大脑发育速度成正比，并且是一步一步发展起来的。上小学的时候，即使父母再怎么让孩子学习，他也无法理解数学或科学等较难的科目，顶多知道个大概而已。

孩子的认知性学习决定了前额叶的发育。而男孩的前额叶至少要进入青春期之后才会开始发育。所以在此之前，他的脑并不是"学习的脑"。换句话说，此时他的大脑还没有准备好，强制性的学习只会带来不良效果。

前面我也提到过，大脑是从后往前发育的。而随着脑神经之间的连接更加紧密，大脑机能也在不断完善。我们所说的"大脑发育"，是指大脑神经间的连接不断增加的过程。所以，如果大脑某一个阶段的发育还没有完善，就过渡到了另一个阶段的话，会影响大脑整体的发育。举个例子，如果大脑主管知觉的领域发育不完善，就会影响到学习中枢——前额叶的发育。所以说，在大脑发育的各个阶段，必须给予充分的刺激，才能促使它发育得更加完善。

在进入青春期之前，男孩的大脑还属于"感觉的大脑""积累经验的大脑"。这个时期可以通过游戏激发孩子的好奇心，刺激他的感受性，从而完善大脑的机能。所以说，来自爸爸的"刺激"是促进孩子大脑发育最好的玩具。

而且小学时期，还是孩子形成"社会性大脑"的时期。所以，这时父母应该积极帮助孩子去接受一些社会性的"刺激"。这样，才能让他从小学会理解别人，养成与人和谐相处的宝贵品质。

爸爸是给孩子带来"社会性刺激"的核心人物。在幼儿园和小学时期，孩子十分喜欢玩游戏，这时爸爸一定要成为他的玩伴。有研究结果表明，越是跟爸爸经常对话的孩子，在尊重意识、包容力、推理能力、思考力等方面都比较优秀。

同时，运动可以帮助男孩形成"社会性脑"。男孩在跟爸爸一起做运动时候，可以学会遵从游戏规则、与人配合，也可以学会忍耐，并感受到成就感。这些是孩子长大后，在事业上获得成功必备的特质。勇于克服逆境并逆流而上的勇敢父亲形象，将永远留在孩子的脑海里，成为孩子人生中最好的榜样。

与爸爸接触的机会越多，孩子就越能从爸爸身上学到东西。这样的相处，可以帮助孩子开发自身的能力，包括解决问题的能力。对于男孩来说，爸爸就像一座山，是一位拥有超级能力的人。自然而然的，他想要跟爸爸聊天，想要跟从爸爸学习。至于学到什么并不重要，重要的是，与爸爸之间建立起了沟通的桥梁。

电影《美丽人生》刻画了一段可歌可泣的父爱故事。

在电影中，在屠杀犹太人的政策下，主人公一家人被关进了集中营，但是父亲却告诉孩子这只是场游戏而已。在临行前，父亲告诉孩子这不过是一场表演，并大模大样地装作大兵的样子走了起来——电影中的这一幕刺痛了所有观众的心。这位爸爸为了家人宁愿牺牲性命，即使在生命的最后一刻，也要给孩子留下愉快和希望，并让他明白："人生本该是美丽的"。

天下所有的爸爸都深爱着自己的孩子，就像是电影中那位父亲一样。尤其是现在，大部分家庭都是独生子女，很多父母为了孩子，真到了"上刀山、下火海"的程度。尤其是爸爸们，比以前任何时候都更加关心和爱护孩子，这本来是个好事。但有时正是这种热切的爱，反而会剥夺了孩子的成长空间。在孩子跌倒的时候，父母们不是鼓励孩子要自己站起来，而是直接上前扶他起来。

作为父母，有时候忍住不为孩子做什么，比为孩子做些什么更加困难。也就是说，让做父母的在一旁等待孩子自己站起来，自己成长，反而更加困难。但是，如果父母们什么事都为孩子做，他反而会觉得自己没有一件事能做得好，也没有机会思考自己到底适合做什么，不适合做什么。最后，他就会变成什么事都听从父母意见的没有主动性和主见的孩子。

这样的男孩，往往自我意识薄弱，即使碰到一点小事，也想依赖父母。因为他没有独自解决问题的能力。这也是我们为什么要提倡，父母一定要为孩子创造成长空间的原因。

孩子跌倒时，不要马上上前搀扶

在孩子成长的过程中，父母一定要留给他一个可以"看见"自己的时间和空间。所以父母们要注意保持这种"距离感"。而所谓的"距离"就是，只要可以感觉到"体温"就好，而不要过多地干涉和拘束。

相比妈妈，爸爸在保持这种距离感方面做得更好一些。在男孩遇到困难或挫折时，妈妈们总是会非常心疼或者不知所措，忍不住马上过去帮助儿子。相比之下，在遇到这种情况时，爸爸们则表现得更加冷静一些。虽然心里也着急，但他们不会过于感情用事。

在社会上摸爬滚打多年的爸爸们，希望自己的儿子在遇到困难的时候，可以勇敢地站起来。所以，在男孩跌倒的时候，爸爸通常不会上前搀扶，而是在心里默默为他加油打气。这种做法无疑有助于男孩的成长。爸爸在一个合适的距离上对儿子保持关注并给予关怀，即使没有言语上的交流，儿子也能在默默之中感受到父亲的鼓励，从而鼓起勇气攻克难关。而在这样的经历重复的过程中，他的忍耐力和进取心会得到进一步的加强。所以说，爸爸可以为孩子提供一个独立成长的空间。

控制冲动，克服困难的力量来自于一种"自我控制机制"。这种机制是从"适当的挫折"中形成的。所谓"适当的挫折",指的是自我可以承受的困难和苦痛。如果父母对于孩子过于保护,就让孩子失去了经历这种"适当挫折"的机会,从而也就使其失去了形成"自我控制机制"的机会。不过,这并不是说,当孩子遇到困难时,父母要袖手旁观,而是要对他保持关心和关爱,不要提供直接性的帮助。

我的二儿子今年刚好小学二年级。有一段时间,他每天都为完成学校作业而烦恼。每当我看到他晚上10:00时还在不停地写作业,心里也会心疼,也想替他写作业,但我最终还是没有伸出援手,而是在一旁不断地鼓励,让他不要放弃。在孩子遇到困难的时候,身为父母肯定都会心疼,但他要成长起来,必须经历这样的阶段。爸爸与儿子保持适当的距离,给他提供了自我成长的空间,也为其形成"自我控制机制"提供了机会。

做父母的,谁不想把孩子留在身边,一直给予照料。但是银杏树却总是会把种子撒得很远,让它们自己成长。一棵小树要茁壮地成长起来,就一定要与它的"父母"保持一定的距离。

父亲是世界的引导者

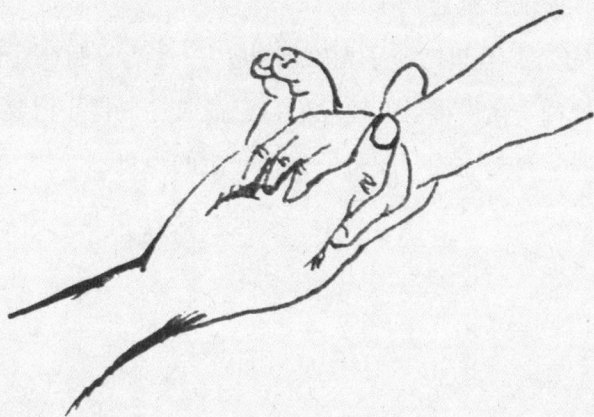

父亲是引领
儿子迈入世界
的一座桥

"儿子就是未来。妈妈要把儿子紧紧地抱在怀里，让他知道这里永远是温暖的归宿；爸爸则要把儿子带到高高的山丘，让他看到更辽阔的世界。"这是美国心理学家麦克戴蒙得在《我爱你，儿子》中提到的一则玛雅印第安人的谚语。

妈妈的爱具有一股吸引孩子回家的"向心力"；相反，爸爸的鼓励则是放逐孩子去闯荡世界的"离心力"。如果说，妈妈的作用是柔和地抚摸儿子并给他带来安全感的话，那么爸爸的作用就应该是帮助儿子面向世界，迎接挑战。

爸爸让男孩学会社会交往

人类出生时就已经带有约千亿个脑细胞。每个脑细胞要跟其他近千个脑细胞相连。在外界刺激的作用下，脑细胞之间的连接会发生变化，这就是所谓的"神经的可塑性"。婴儿从呱呱落地的那一刻起，便开始接收数不尽的外界刺激，并做出积极反应。这促使他的大脑快速发育。尤其是在 1 岁后，婴儿的大脑会形成非常精密的"通信回路"。

如果用长度计算的话，脑细胞之间的连接网大概有 330 万千里。而这种连接网的建立，最初却是在爸爸的作用下才建起来的。因为在婴幼儿时期，与爸爸接触的经验将影响孩子大脑的基本构成。爸爸可以给孩子的大脑直接性的刺激，从而促使脑细胞之间联结的形成。同时，这种刺激也决定了孩子的性格、智力以及社会适应能力。

教育学家佩德森曾以 5 个月大的婴儿为对象，观察他们对陌生人的反应。结果表明，与爸爸的接触越频繁的婴儿，越能从容不迫地接触陌生人。长大后，他们大都举止自如、谈笑风生。这是因为，孩子出生 5 个月后与爸爸的互动关系将直接影响孩子的社会适应能力。

斯托茨博士发现，失去爸爸的 4 ~ 8 岁年龄段的男孩，或多或少会受到交友困难的困扰。这种现象同样发生在那些一年之中有几个月不在家的船员的儿子身上。这些孩子大部分不受欢迎，跟邻居家的孩子也玩不到一起。对于男孩来说，他们参与社会生活、结交朋友并维持友好关系的技能是从爸爸那里学来的。

爸爸们更喜欢一对一地与儿子玩耍，而且，玩得更有意思、更刺激。这一点跟妈妈们不太一样。通过与爸爸一起做游戏，儿子可以学会如何调节自己的情绪和改变自己的行为。爸爸们总是喜欢尝试更活跃、更新鲜的游戏，这激发了孩子的积极性和探究精神。爸爸越是全身心地投入到教育孩子的过程中，孩子在心理上越能获得一种安定感。于是，他就可以毫无顾忌地走出去探索世界。

除此之外，与爸爸之间的游戏或者互动，可以培养儿子理性思考和逻辑推理能力。有研究结果表明，幼儿期爸爸不在身边的孩子，理解数理问题的能力偏弱，而且与同龄人相比，也较缺乏进取的动力。

在出生 9 个月之后，男孩的运动能力会得到较大的提高，可以爬行了。在学走路的过程中，他开始慢慢离开妈妈身边。周围的事物在他眼里都是那么新奇，而在他成长的每一步，都包含了探索世界的好奇。渐渐的，他从凡事都要依赖妈妈的情况，慢慢发展为可以依靠自己的力量观察世界、触摸世界了。所有被他摸过的东西，就会变成他的"所属物"。有时他甚至会觉得，抓在手中的东西是自己造出来的，于是感到非常自豪。不过，出生后的 9 ~ 15 个月，他的活动半径并不会太大。

他常常会离开妈妈的怀抱，屁颠屁颠地去探索世界，但是一旦发现妈妈不在了，就会特别不安，然后就号啕大哭。这是因为，这时候妈妈在婴儿的心中还没有形成固定的形象，这会让他产生这种不安感。在这个时期，婴儿一定要定时回到妈妈的怀抱进行"再充电"，才能继续去探索世界。

到了 2 ~ 3 岁的时候，就要完成个体分离的过程了。也就是说，在孩子的心里，妈妈地形象已经固定——爱自己的"好妈妈"和偶尔教训自己的"坏妈妈"形象互相交替，在他心中慢慢生了根。经过这

男孩需要更多的温柔、笑容以及身体的亲密接触。

样的过程之后，孩子就会渐渐变得独立，即使妈妈不在身边，他也不会感到特别不安了。

为了让这个"个体分离化"过程过渡得更加自然，就需要爸爸的帮助。爸爸对孩子的"持续孤立"会给他带来安定感，从而敢于离开妈妈的怀抱去挑战新的世界。因为爸爸对待孩子的态度与妈妈非常不同。妈妈总是在孩子蹒跚学步或想要抓什么东西的时候，生怕他磕着碰着了；但是相比之下，爸爸在孩子向着广阔的天地迈出脚步的时候，常常欣慰地看着，而且眼中饱含鼓励。爸爸们在儿子充满好奇的目光中，常常会看到自己小时候的样子。而爸爸这样的态度，可以助长儿子的独立精神。

父亲在看待儿子的时候，会把他当做是一个独立的个体，通常会更加客观。同时，爸爸会为儿子消除面临陌生世界时的恐惧。这可以帮助他自然地从妈妈的怀抱中脱离出来，走向独立。

以前，儿子总是从妈妈那里获得全部的爱。但随着父亲的登场，儿子对于爱和欲求的概念都会变得更加宽广。同时，原本与妈妈之间的一对一的关系，慢慢会转化为爸爸－妈妈－儿子的三角关系。当孩子发现除了妈妈之外，还有"别人"（爸爸）也一样爱着自己时，他会意识到人与人之间的关系是美好的，这会为他日后的人际交往打下良好的基础。

与妈妈之间的一对一的关系，是孩子与人建立信任关系的基础。心理学家埃里克森曾提出，婴儿出生后一年内是形成对人的基本信赖感的时期。在这段时期，如果无法跟妈妈形成良好的依赖关系，他就会对很多事情心存疑虑，也无法信任他人。

婴儿出生后的 1 ～ 3 年是自律能力形成的黄金时期，这时爸爸的介入非常重要。这时爸爸一个小小的鼓励，也会让他获得莫大的勇气。

男孩大多会以"爸爸的眼光"来作为自我能力的评价。大概从小学三年级起，男孩就会产生这种心理。如果爸爸为他而自豪，他才会觉得自己有能力。相反，如果爸爸不珍惜男孩的天赋，甚至为他感到羞愧的话，男孩就会对所有事情失去信心。因为在男孩眼里，爸爸不仅身体强壮，还无所不能。他总是仰视父亲，内心充满尊敬。当他意识到爸爸，这个无所不能的人，用欣赏的眼光看着自己的时候，他的自豪感就会油然而生。

不仅如此，男孩还想要成为像爸爸一样有能力的人。对于男孩来说，他最想要的是相信自己的爸爸，时常称赞自己"做得不错"的爸爸，一如既往地关怀自己的爸爸。

小小的孩子总是喜欢尝试很多事情。当他第一次感受这世界的时候，总会充满好奇，什么都想做，什么都想看。而凡事以"安全第一"为前提的妈妈，总是喜欢阻止孩子做这个或者做那个。这时，如果爸爸不出来调解的话，孩子就会慢慢失去挑战和探索精神，并且会伴有羞耻心和自卑感。

当孩子想要挑战一件事情的时候，爸爸最好可以鼓励他："好，你可以试试看"。但不要说什么"但是要好好做"或者"要比别人做得好"之类的话。因为新的挑战并不是一个课题，而是一场有趣的冒险，只要享受这个过程所产生的愉悦就好了。

父亲的称赞
是成就儿子
的关键

心理学上有个著名的"皮格马利翁效应"：当你对某人抱以期待和关心的时候，随之而来的结果也大多不会令人失望。这个概念由心理学家罗森塔尔和雅各布森首次提出，取自于希腊神话中的雕刻家"皮格马利翁"之名。

他们以小学教师为对象进行了一场实验。在开学之初，分别分发给一年级和二年级教师一份名单——上面写着通过检查被确定为潜力较大的学生的名字。也就是说，提前跟教师们打声招呼：这些孩子可能会在学业上有上佳的表现，因为他们非常聪明。然而事实上，根本就没有什么检查结果，他们本来只是些极为普通的孩子。一年之后，老师对学生们的学习成绩和品行做出了评价。结果显示，最初被冠以"有潜力"的孩子们确实取得了可喜的成绩。实际上，当初所有孩子的能力都是相差无几的。那么，为什么出现这样的差异呢？

这是因为教师们对这些孩子抱有不同的期待。他们会自然而然地更加关心和关注那些"潜力较大"的孩子，即使后者犯了错误，也会耐心鼓励。孩子们为了回报老师的鼓励，就会更加努力学习。也就是说，孩子接收了老师的信任，同时为了满足期待而付出更多的努力。

所以说，教师就是那个"用心'雕刻'孩子的、教室里的'皮格马利翁'"。

这个实验非常有力地说明了：我们的期待可以改变男孩的未来。如果你相信他的能力，并抱以较高期待的话，他也会为了不辜负这份期待而格外努力。相反，如果你对孩子不闻不问，甚至把他当做"问题儿童"，他也会自暴自弃，而"破罐子破摔"。

世界著名经营管理专家肯·布莱恩查尔特在他的著作《称赞让鲸鱼也能跳舞》中，讲述了一个体重达 3 吨的海洋捕食者鲸鱼表演跳舞的故事。那么，训练师是如何指导鲸鱼完成这场完美的表演的呢？

他的秘诀就在于积极的关心和称赞以及鼓励。他把这种现象称为"鲸鱼效应"。当鲸鱼表演得很好的时候，要及时称赞它；当他出现失误的时候，不要责备，而是先转移一下注意力，然后继续鼓励它。

经营界的达人杰克·韦尔奇（通用电气前总裁）小的时候患有很严重的口吃。但他的妈妈这样鼓励他说："那是因为你思想的速度太快，你的嘴巴跟不上它。不要担心，你长大后会成为非常优秀的大人物的。"试想一下，如果回家后还因为口吃问题受到父母的责难的话，他势必会一直活在自卑的世界里，一辈子抬不起头来。

如果说，"母性"的代表特征是温柔和关爱的话，那么"父性"的特征就应该是节制和坚定了。在儿子眼里，爸爸是思考缜密的人，也不会情绪化。因此，爸爸的称赞对儿子具有更大的意义和价值。

被妈妈称赞，男孩会感到温暖，因为他会觉得妈妈是因为爱他才会这样说的。因为妈妈的称赞普遍比较主观，大多出自于爱的鼓励。相比之下，如果被爸爸称赞，男孩却会感到无比自豪，因为自己的能力终于获得了认可。

爸爸的称赞更加明确、客观、有理有据。这会成为男孩确认自我能力的契机。同时，爸爸的肯定和称赞，在一定程度上也为男孩指

爸爸的称赞比妈妈的具有更多的价值和意义。
常被爸爸称赞的男孩，自信心较强。

爸爸的今天，儿子的未来

明了人生的方向和未来的蓝图。从小常被爸爸夸赞的孩子，长大后能够比较明确地规划自己的未来。

当孩子做了件值得夸奖的事情的时候，最好当场称赞。在称赞的时候，与其说"你做了这件事，爸爸很幸福"，不如说"你竟然能做到，爸爸真为你感到自豪"之类的。称赞，应该成为每一件努力做到的事情的镜子。为此，爸爸应该尽可能夸奖一些经过一番努力而做到的事情，而不是关于性格或者人格等方面的称赞。

比如说，有一件事情即使最终失败了，但是如果在此过程中孩子倾注了极大的努力，爸爸也应该给予称赞，并且明确地指出哪些是他做得不错的地方。

爸爸的称赞具有魔法效应，会给男孩的成长带来积极的力量。而且，爸爸的认可和称赞，还可以为他提供未来发展的方向。

但是称赞的时候，还是有几点需要注意。实际上，无条件的称赞反而不利于孩子的成长。如果只是一点点小事，就使用"很完美！""你最棒""我的儿子真是天才"等夸张的语言赞美的话，孩子会下意识地逃避挑战新事物，只想找一些"安全"的事情做。所以，无条件的爱是必需的，但是称赞还是要有条件的。

另外，在教训男孩时或者纠正他的不良行为时，称赞也特别有用。爸爸可以先称赞一下男孩的某些行为，然后再把他向正确的方向引导。比如，如果孩子天天只看电视，爸爸不要惩罚或者大声呵斥他，而是跟他说："儿子看书的时候最乖了，要不要跟爸爸一起看书啊？"就这样，提出一个方案，然后把孩子引导到积极的方向，这时他才比较容易听得进去。指责和体罚，只会让男孩把爸爸放到自己的对立面。

安徒生日后能够成为世界著名的童话作家，他的爸爸绝对功不可没。

安徒生的父亲是皮鞋工人，妈妈是保姆，家境十分贫穷。当时一些富甲一方的有钱人或贵族，都不让自家的小孩跟安徒生一起玩。安徒生的爸爸怕小小的安徒生心灵上受到创伤，经常给他讲一些自己小时候苦中作乐的故事。在爸爸的故事中，小安徒生体会了悲伤和愤怒，同时也感受到了世间的温暖。

爸爸经常为安徒生做一些木偶，虽然不是什么价值连城的玩具，但安徒生非常喜欢。爸爸还将家里不用的布制成衣服给玩具穿上。父子俩常常一起，用木偶玩具上演一场精彩的木偶戏。

为了激发安徒生的想象力，爸爸把家里装饰得像博物馆似的。墙上挂的是装饰用的瓷器，架子上摆放着各式各样自制的玩具，玻璃窗户上贴上了优美的风景画，书架上摆着各

爸爸的一举一动，就将成为儿子成长过程中的宝贵财产。

爸爸的今天，
儿子的未来

种书籍和乐谱……虽然家境贫寒，但是在爸爸的一手打造之下，家成了安徒生最好的游乐场。

正因为有了这样的成长环境，安徒生才能写出如《卖火柴的小女孩》一般细腻生动的童话。安徒生童话充满艺术的生命力，能够可以超越时空的距离。这一切，与他的爸爸息息相关。

即使在极度贫困中，安徒生也不失去对生活的希望，并从用心生活的爸爸身上继承了很多宝贵的"遗产"。爸爸曾经给他讲的故事，也成了他日后创作的源泉。

爸爸的今天决定了孩子的未来。爸爸留给儿子的精神财产，不应该在自己死去之后儿子才得以继承，而要在平常的生活中，一点一点地传授给他。实际上，爸爸在日常生活中的一举一动，都将成为留给儿子的"遗产"。所以，爸爸们一定要竭尽全力向儿子展现出努力奋进的生活态度：不抛弃，不放弃。这样的生活态度将会给他带来克服困难的勇气。

　　美国前总统肯尼迪是个著名的演说家，以演讲的流畅性和感召力而著称。小时候，肯尼迪就很擅长讨论。不过，他第一次发表演说时却犯了严重的口吃，这让支持他的人颇为失望。但他凭借自身的刻苦努力，终于跻身为世界知名的演说家。肯尼迪总统有一个信条："如果第一次做得不好也没关系，只要通过反复的努力，就可以成为最好的。"

　　其实，在很大程度上，肯尼迪总统的演说才能得到了他爸爸的培养。还在很小的时候，肯尼迪就经常跟爸爸在饭桌上就政治、社会、经济等问题展开激烈的讨论。如果爸爸提出一个问题，肯尼迪和兄弟们就会热火朝天地议论起来。

　　爸爸会在肯尼迪的发言不符合逻辑或者有疑点的时候，接连抛出好几个问题。在这样的问题中，肯尼迪会慢慢整理自己的思路。同时，爸爸常常鼓励孩子们要拥有自己独创性的想法，不要人云亦云。

　　随着孩子们慢慢长大，饭桌上的议题渐渐转变为《纽约时报》上的报道，以至于不读新闻的人几乎无法坐到餐桌上。

爸爸要教会儿子正确看待世界的方式和闯过难关的方法，让他在人生旅途上少走弯路。

爸爸的今天，
儿子的未来

107

很多时候，对爸爸提出的犀利问题，肯尼迪根本无法作答；兄弟之间的谈话，他也常常插不进去。但爸爸的这种教养方法，却为肯尼迪日后形成杰出的政治能力、思考能力、说服能力打下了坚实的基础。

对于小孩子来说，报纸上的新闻报道还是有些深奥了。但如果是有影像的电视新闻的话，会容易理解些。新闻中有很多教科书里所没有的关于现实社会的知识。这为孩子思考众多社会现象提供了丰富的资源。

爸爸最好可以和孩子一起看电视，并就各种事件和社会现象与孩子展开讨论。讨论，可以促使孩子的逻辑思维和词汇积累发生质的飞跃。经常与爸爸讨论，是教出好儿子的捷径。但是很多爸爸平时工作很忙，很难与孩子每天讨论时事新闻。所以，利用早饭或者晚饭的时间看看电视，一起聊聊天这种方式还是比较可取的。

爸爸还可以跟儿子讲讲在职场中发生的事情，并适时灌输给他一些人生智慧和为人处世的方法。爸爸在"艰难"的社会生活中总是有所体悟的，也知道如何智慧地处理各种关系。而这样的处事智慧，学校是不会教的。而如果爸爸如果能够尽早地身他传授一些生存智慧的话，可以帮助他少走很多弯路。

需要注意的是，在传授这些人生智慧的时候，如果通过训诫的方式，是无法引起孩子的兴趣的。爸爸要心平气和地与孩子谈心，对自己曾经遇到过的困难娓娓道来。以此为出发点，慢慢指出如何解决问题，并自然地过渡到关于人生问题的讨论上。

儿子与爸爸一起了解世界，与爸爸一起学习看待世界的方式和解决问题的方法。

第四章
妈妈、学校都无法替代爸爸

家庭教育，爸爸不可或缺

作为女人，妈妈即使再怎么用心也无法完全了解儿子。而学校教育又常会把男孩变成"小小失败者"，让他失去自信。这时，爸爸就可以弥补二者的不足了。

第 1 节

妈妈无法百分之百了解儿子

男孩来自火星，
女孩来自金星

　　银朱妈妈生下了一对龙凤胎，前后只相差 3 分钟，但是男婴和女婴就好像是来自两个星球的宝宝，差异非常显著，这让银朱妈妈吃惊不已。

　　当初，在知道自己怀有双胞胎的那一刻，银朱妈妈就决定一定不带任何性格偏见、一视同仁地养育两个孩子。但是，这个决定几乎在孩子出生的那一刻就瞬间瓦解了。儿子正民非常难哄，相反女儿敏善很容易被吵醒，但是也很容易睡着。几乎同时出生的两个小家伙之间的差异还不只如此。正民每天都望着系在天花板上的玩具出神，甚至几个小时一直盯着它。但与喜欢动态玩具的正民不同，敏善显然更喜欢人。每次妈妈回来的时候，她都会笑盈盈的，并咿咿呀呀的，好像在跟妈妈说话。每当这时，银朱妈妈都不禁感叹：原来，刚一出生，儿子和女儿就有这么大的差别啊！

　　确实，从出生开始，儿子和女儿就已经大不相同。有研究者曾经对刚出生几个小时的婴儿做过检查，结果表明，女婴在触觉方面要

了解男孩与女孩大脑的差异，
有助于解决男孩所面临的困难并找出因应之道。

妈妈、学校都
无法替代爸爸

比男婴更加敏感。当当妈妈跟她说话或为她唱歌的时候，女婴儿就会感到安全。虽然还没有开始学习语言，但是她们从这时开始，她们便已经可以感受到语言中的情绪了。

从出生后第三天开始，男婴就已显示出对动态模型的关注，而女婴显然对人更感兴趣。在出生后第四个月，女婴可以分辨出认识的人和不认识的照片的概率要比男婴大两倍。而男婴则几乎分辨不出来。如果给男婴娃娃玩，他只会撕扯娃娃的头发，或者把它摔在地上，但女婴从小开始就会跟娃娃"说话"了。

你相信吗？
大脑也分男女

在数百年的时间里，科学家们一直都在致力于研究男女差异的根本原因。但是，最早的科学家们的研究方法显然过于粗略，他们甚至通过尺子来测量男女的头围，以此来证明男人和女人不太可能拥有相同的智力水平。

而真正关于男女差异的系统性研究，是从1882年的英国开始的。科学家通过研究表明，在施以同样压力的时候，男人反而会发挥出更优秀的业务能力，而女人则会感到无比痛苦。此后10年，美国的科学家们陆续证明，女性的听力更加优秀，喜欢使用成形的词汇，喜欢个性化的课题等。相比，男人们更喜欢使用全新的词汇，并擅长推理。

而从根本上阐述男女差别的科学家还是霭理士。1894年，他写出了《男性和女性》一书，此书一经出版就引起了全社会的热烈关注。霭理士说，女性在记忆力、感情伪装、同情心、忍耐力等方面都比男性更加优秀。他也提出，女性科学家的研究虽然比男性科学家更加精确，却往往缺乏独创性。从著名的女科学家居里夫人身上我们就可以看出，天才女性也需要男性的支援。

现在广为流传的IQ测试的开发者威瑟勒，也曾在周而复始的研

女孩的头脑清楚且专注，知道未来何去何从。
相较之下，男孩往往一无所知。

妈妈、学校都
无法替代爸爸

究中偶然发现了男女在各个方面表现出的显著差异。威瑟勒博士发现,在 IQ 测试中的几项,一直由某个性别占有"垄断式"的优势。而且,几乎有三十多项题目都显示出了明显的性别差异,这让威瑟勒博士非常费解。他以为是他的验证方法出现了错误。威瑟勒博士认为,他可能陷入了研究的某种误区,为了走出这个所谓的"误区",他一直致力于研究 IQ 测试的其他新方法。而实际上,这项测试结果只不过是真实地反映出"男女有别"这个客观事实而已。

但是,这些社会化理论在近些年来陆续登场的生物学研究结果面前却多少显得有些无力。因为与荷尔蒙的影响相比,社会化学习的效果还是微乎其微的。

随着脑科学的不断发展,已有大量研究证明了这样一个事实:男性和女性的大脑结构和大脑功能有着非常显著的差别。在孩子出生前,其荷尔蒙早已完备待命,准备塑造男女大脑结构的差异。因此,男女荷尔蒙的不同,让二者的大脑结构朝着截然不同的两个方向发展。当孩子还在妈妈肚子里时,大脑发育就已经开始,一直持续到青春期才会结束。在大脑的发育程度上,也能看得出男性和女性的差异。

男女不同的大脑结构和功能,在其出生后就会转化为能力上的差异。也就是说,男女能力的不同不是因为社会化的结果,而是大脑结构不同的缘故。作为一个男人或女人,我们每天都能感受到这种,由完全不同的大脑中心发射出来的不同的信号。大脑决定了我们如何思考、如何看、如何听、如何感受、如何爱以及如何表达。

所以,孩子不是生下来就是"完完全全的白纸",任由父母和社会随意描绘。从出生的那一刻起,每个孩子就已具有各自的"男性脑"或者"女性脑"了。

男孩和女孩之间的语言能力差异很小的时候就开始了。从出生后 9 个月开始，男孩们就会显示出旺盛的活力。他们的肌肉发育得更快，喜欢来回爬，探索更广阔的区域。与此相比，女孩们则大多喜欢与别人交流，喜欢说话，也喜欢听别人说话。

目前，已经有很多研究表明了男性和女性在语言能力方面的差异。耶鲁大学的莎莉塞维茨教授曾研究表明，通过一个首字母，女性能联想到的单词要比男性多得多，同时她们还可以比较快速地想起同义词、颜色、形态方面的词汇。

语言功能由左脑担当。当左脑损伤的时候，就会出现语言障碍。不过，即使男性和女性的左脑受到了相同程度的伤害，男性出现语言障碍的程度也比女性严重。这是因为女性在遇到语言相关的问题时，会同时使用左脑和右脑。也就是说，右脑是女性语言功能的"预备脑"。正是因为这样，女性在读写文章时的速度会比男性更快一些。

而宾夕法尼亚大学大学的拉凯格博士，曾经通过试验发现，男性和女性不同部位的活跃度不尽相同。比如说，对男性而言，控制性欲或攻击性行为的、被称为"原始脑"的杏仁体比较活跃；相比之下，对女性而言，与语言和姿势等有关的大脑部位更活跃一些。

不仅如此，还有研究表明，女性的侧头叶（掌管听、说、记忆的部位）神经细胞要比男性多10%。因此，男性的听力显然没有女性灵敏。

哈佛大学的吉尔古德斯塔因教授曾通过研究证明，男性和女性的不同大脑部位的大小不同。古德斯塔因教授曾以45名健康的男女为对象，测定了他们的大脑各部位的大小。其结果是，相对于男性，女性的前额叶，调解情感的边缘界，记忆力中枢海马比较大。

而男性顶叶和杏仁体更大一些。顶叶负责处理从感官器官传导来的信号，同时有识别空间的功能。男性之所以比女性更擅长认路和分辨方向正是因为如此。杏仁体也与性冲动和攻击性的本能行为有关。

儿子更喜欢用身体表达，而不是语言。这都是因为他们的前额叶还没有完全长好的关系。等到青春期前额叶完全长好之后，他们的语言能力就与女孩差不多了。

男孩的语言能力发育得比较晚，是因为大脑构造和发育速度的原因。大脑准备好了，才能够充分地接受外界刺激。所以，语言能力这方面，即使父母再怎么着急，也无济于事。最好的方法就是，经常和男孩一起玩，多多给予语言方面的刺激，而不要因为他的语言缺陷而加以指责，那样他可能索性连话都不说了。

到了青春期之后，男孩的语言能力自然会发展得跟女孩差不多。但说话还是不会像女孩那么流畅。不过在数学方面，则会表现出极大的优势，这是因为他们的语言能力和空间感知能力协调地结合在了一起。自此，男孩子就可以深化思考，并且通过各种各样的思考剖析事物之间的关联。这也就导致了青春期最常见的"男孩反转"现象。

为何男孩的脑和女孩的脑不同?

　　我家有一个 8 岁的儿子和一个 5 岁的女儿。儿子呢，每次买给他一个新车模，顶多新鲜一个星期，最后就会被分解得支离破碎而宣告"报废"。他还经常拆卸收音机，说要了解一些作用原理；上幼儿园的时候，就常常熬夜玩游戏；他还会购买很多游戏配备，升级游戏等级。

　　相比之下，女儿对车模什么的完全没有兴趣。她喜欢娃娃，还给它起名字，跟它说话。还像"妈妈"一样给娃娃喂牛奶，把它当成自己的孩子一样。女儿学话很快，虽然比哥哥小 3 岁，但构词能力比哥哥还要强一些。

　　每天我下班回家，儿子连理都不理，但是女儿却会跑过来拥抱我．她很会撒娇，很会讨我欢心，总是趴在我身边叽叽咕咕地说这个说那个。虽然下班回来很累，我还是会陪女儿说一会话。她有一次跟我说，奶奶年纪大啦，不要老是要求奶奶这个那个的。与对周围的人漠不关心的儿子相比，女儿则可以第一时间感觉别人的快乐与不幸，并懂得将心比心。

男孩的"听力"比女孩差，
所以跟他说话时常常需要大声一点。

妈妈、学校都
无法替代爸爸

这些都是最显而易见的区别：男孩喜欢汽车或者战争题材的东西，更擅长数学、科学等学科；女孩则更擅长外语、写作。进入青春期之后，女孩通常跟一个固定的好朋友相处，而男孩则喜欢一大群人一起玩，一起运动，并不拘泥于人际关系。

系统化的大脑，感性的大脑

男人和女人的差别不仅仅只体现在成长阶段。只不过到了成人阶段之后，这些差异就会固化了。男人和女人的行为方式截然不同，有时甚至到了无法相互理解的地步。比如说，男人在打电话的时候，只说一些关键的事情，但女人们往往东拉西扯。在男人眼里，这显然是一种浪费时间的行为。除此之外，二者的差异还有很多很多。

进化心理学家们说，男人和女人的脑各自是各自向着不同方向进化的，所以他们之间才会有这么大的差异。这其中最具代表性的就是剑桥大学的学者拜伦·科恩教授了。他在著作《那个男人的脑，那个女人的脑》中曾提到，男性和女性之所以显示出如此大的行为差异，是因为进化过程赋予二者的大脑各自不同的任务。

男人的脑，进化为根据规则行动的"系统化大脑"，而女人的脑则进化为更适合体谅他人的"感性脑"。

说男人的大脑系统化，是因为他们具有分析，探索和组装的欲求。而被他们系统化的对象，可以是汽车，也可以是动物等客观实物，还可以是政治、经济、法律等社会事物。

善于将事物体系化的男性，每当遇到一个现象的时候，总想着如何套进固有的"框框"里，并且尤为喜欢通过科学的观察和推理归纳，得出一个成形的理论。

进化心理学家们认为，善于将事物体系化是男人们从几十万年的狩猎时代一路进化而来的能力。那时，为了更好地打猎，必然要掌握猎物的行动特性，也要细心观察周围环境的变化。在这个过程中，找到猎物们共同的行为特征，可以加大狩猎成功的可能性。就这样，体系化的能力就慢慢发展起来了。而男人们之所以大多忠于组织，喜欢秩序井然的原因，也在于他们的大脑习惯了"体系化"。

而所谓"感性"，则是可以理解他人的心情，并适当地给予回应的意思。这不仅仅意味着可以读懂对方的心思，还要能够站在对方的立场上思考问题，在情绪上找到与他人的连接点。女性在进化的过程中，慢慢形成了"感性脑"，她们更重视关系，喜欢用对话解决问题。

女性之所以比男人更感性，是因为她们长期以来担任着生育和养育下一代的任务。为了生育，女性要付出很大代价，比如要经过十月怀胎的漫长煎熬，还要经历生产时的痛苦。也许正因为如此，女性才会对背叛尤为敏感。在早期人类社会的漫长的岁月里，女性只能依靠男人打猎来食物生存。如果男人跟着别的女人好了，就很可能就会抢走她们的食物，这样一来，不仅是女人自己，就连孩子的处境也会变得十分危险。所以，为了保护自己和孩子，女人们必须对周围的一切保持敏感。当在孩子还不会说话时，女人要弄明白他们到底想要什么。为了了解孩子的需求和想法，她必须要锻炼自己的"感性"能力。

拜伦·科恩教授说，自闭儿其实可以看做是"极致的男性"。具有自闭倾向的人，对别人一般都漠不关心，也无法交流，更无法体会别人的心情。他们的"感性脑"发育不良，只有"系统化的脑"发育得非常好。据统计，患自闭症的男女性别比例为 10：1，可见拜伦·科恩教授的话是有一定道理的。

学校教育，"缺钙"教育？

尽可能让
儿子学习
汤姆·索亚

也许大部分人小的时候都读过马克·吐温的《汤姆·索亚历险记》。这部小说生动有趣地描绘了汤姆·索亚，一个住在密西西比河旁的小村庄的叛逆少年的激动人心的冒险故事。

小说里让人叹为观止的冒险经历是每个男孩都渴望不已的。比如大半夜的时候闯入坟地；在无人岛玩海盗游戏；探秘洞穴等，都是超出男孩想象力的绝妙冒险经历。这些经历足以让好奇心满腹的男孩子们激动不已。

但在现实中，我们的儿子都在干什么呢？外面的游乐场几乎不见孩子的踪影，因为一下课他就去参加特长班了。或者一有空闲，他就沉迷于网络游戏，根本不出门。这样一来，活动身体的时间自然减少了。除非把孩子送到足球学校或者滑雪场，他才会跟朋友们一起运动一下。

然而，男孩是要有性格的，也需要各种各样的冒险经历——当然，在不出大事故的前提下。男孩的肌肉和大脑，都不应该有"休息日"。要知道，数万年来，男人是在出外打猎、冒险的过程中慢慢进化、成长起来的。他常常爬到树上捅马蜂窝、摘水果。在这种不停的运动过

男孩在动态中学习。
所以不应该把他禁锢在沉重的学习压力之下。

妈妈、学校都
无法替代爸爸

程中，他的大脑和肌肉得到不断发育和完善。因此，无论是从身体方面还是精神方面考虑，要想让男孩茁壮成长，大量的运动是必要的。

老在家里待着不动的话，男孩的大脑发育会受阻，注意力也会下降。所以，为了增加男孩的运动量，在周末的时候，爸爸可以带着儿子去运动场活动一下，或者到山上走走，甚至可以与他"肉搏相见"，以便帮助他养成冒险精神和探究精神。虽然不能像汤姆那样每天不上学，天天出去冒险，但是哪怕是几个小时也好，让孩子从学习的压力中解放出来，尽情地玩耍吧。

被绑在学校椅子上的男孩

一些看不见的绳索正在束缚着我们的儿子。本该撒欢了玩的时候，却面临着上小学。进入学校之后，每天都要老老实实地静坐好几个小时，连提前适应的时间都没有。而且，只要稍微有一点骚动和不安分，就会被老师制止。

我们经常带爱犬出去散步，却强求自己的孩子老老实实地坐在那里几个小时不动。从某种程度来说，这是一种虐待。而对于这样的要求，男孩往往比女孩更加难以忍耐。这也是由于男孩女孩的生物学差异造成的。上小学的时候，男孩脑内啡的分泌量要大于女孩。所谓"脑内啡"，就是与冲动和冒险行为相关的神经传导物质。同时，雄性激素也能起到一定的作用。雄性激素是与攻击性和运动性相关的荷尔蒙。在这个时期，男孩的雄性激素的分泌量比女孩要高，所以行为上表现得比较冲动和活跃。

所以说，坐在那里老实地听老师讲课的方式并不适合这个时期的男孩。

男孩的世界应该由各种活动和冒险组成

男孩的世界应该由各种活动和冒险组成，并在这个动态的过程中慢慢学习。男孩小脑的血流量比女孩多。要知道，小脑是控制身体活动的中枢。而男孩小脑血流量之所以更多是因为那里更加活跃一些。这说明，他的运动量要比女孩多。所以，让男孩子天天坐在那里听课，显然有点困难。

肌肉不经常使用就会萎缩。肌肉需要通过不断的运动才能获得，而小的时候形成的肌肉也将左右一生的身体基调。对于男孩来说，小学时期形成的肌肉量可以达到一生要用到的全部肌肉的40%。而女孩大概只能形成24%。这段时期是男孩肌肉形成的黄金期，所以要经常活动。另外，通过不断的运动才能刺激大脑，并在大脑中形成神经回路，而这些回路将在此后的时间里起到调节肌肉的作用。在这个时期，男孩在大脑中形成的神经回路大约是女孩的两倍。

尤其是在小学时期，男孩发育的肌肉主要是四肢部位的大块肌肉。所以，他更应该通过大量的运动来满足这些大块肌肉的需要。而相比之下，女孩子则主要形成小块肌肉，比如与手指活动有关的肌肉。所以她的手比较巧，字也写得很好。而男孩这方面的能力到等到青春期之后才会慢慢显现出来。

总之，对于男孩来说，这段时期并不适合静坐在学校老老实实地学习。

男孩视觉发达，女孩听觉发达。当你大声念出一段文章，并让孩子们找出这段文章里出现了几处相同字的时候，女孩们很快就能答出来；但如果你把这段文字给他们看，并让他们找出相同字的话，男孩们会更容易找出来。

那么，在小学低年级阶段，对谁更有利一些呢？

在上课的时候，主要是老师在上面讲课，学生在下面听。女孩可以老老实实地听课，但是孩没听多久思想就会"溜号"，也因此不免被老师批评为"散漫"。这种"老师怎么说，学生就怎么听"的教育模式，对男孩来说当然是不利的。

语言能力比较发达的女孩，非常善于向老师提问，并获得答案。但男孩连听完老师讲话都有困难。况且，男孩对于好奇的对象，喜欢通过直接探索来获取答案。

工业社会以来，学校教育渐渐普及。社会需要大批技术熟练的劳动力，为此，像工厂一样大量生产劳动力的学校应运而生。但这样的学校教育，也决定了男孩的学习弱势。

正如女孩子们不擅长运动，男孩子则不擅长学习。前面我们也提到过，在上小学的时候，男孩的认知能力比同龄的女孩晚 1 ～ 2 年。加上这时学校的教育主要强调的是以读写为主的语言教育，那么，对于大脑中的语言中枢还没有完全发育好的男孩来说，学习起来确实有些困难。

而且，学校的教育属于"填鸭式教育"，极大程度地限制了身体活动。这对好动的男孩来说，显然是"不公平"的。而更不公平的是，无法适应学校教育的男孩子们，还经常被老师们诊断为"具有学习障碍"。

在目前以听课为主要教学模式的学校教育中，男孩处于不利的地位。

妈妈、学校都
无法替代爸爸

早教是否
适合男孩？

在诸多早期教育的压力下，孩子过得如何呢？有一次我让孩子们以"我的心情"为题做一幅画。

结果我看到一个五年级的孩子的画：高山绝壁，下面是滔滔江水。绝壁上好像刚刚有人跳下，还有零星的小石子在不断地滚落下去。其实，绝壁上的位置，就是这位五年级小学生的心理定位，也是现在孩子们的缩影——在课业的繁重压力下几乎想要自杀。

还有一个孩子的画是，在幽暗的背景下，有一堆乱糟糟的线团。画上面写着"学习""作业"等各种词语，好像他的脑子已经被这些东西搞得一团乱麻了。

虽然只是两幅画，但却真实地再现了如今被早期教育和课外辅导压得喘不过气的孩子们的真实写照。而对于学习上的压力，男孩的承受力比女孩还要更弱一些。

男孩是否应该进行英语早期教育？

为了让孩子从小对英语产生熟悉感，在孩子还没满一周岁的时候，很多家长就已经把各种英文字母贴在墙上了。父母的良苦用心虽然不难理解，但我还是很担心，这些在孩子眼里如同暗号一样的东西，会不会给他带来心理上的阴影。

而男孩在各方面的认知又比女孩要晚一些，这不免让父母们心急难耐而给他施加更多压力。但这些压力，往往会让男孩失去学习兴趣。一方面，男孩对于学习的压力往往不堪承受，但另一方面，他又意识到父母期望，如果不能达到这个期望，他就会对自己渐渐失去信心。

男孩的大脑使用领域要比女孩少一些，大脑的血流量比女孩少大约15%。所以他们不擅长同时做很多事情，而更习惯于专心致志地做一件事情。当顷刻间需要完成多重任务的时候，他的大脑就会不堪重负，同时挫败感也会油然而生。

我们前面强调，男孩在语言方面发育得比较晚，所以让他过早学习英语显然是有害的。学习是需要分阶段的，大脑准备好了，才能进入正式的学习阶段。否则，即使提供再好的教育，也无济于事。

担任着学习功能的额叶对压力非常敏感，所以说与大脑发育阶段不相符的教育，会给男孩带来沉重的压力。本来男孩的额叶发育就比较慢了，如果再加上外界的压力，那无异于雪上加霜。压力会使得额叶的发育受阻，进而影响其控制冲动和感情调解的中枢，甚至会影响记忆力。

另外，现在的英语早期教育大部分都是填鸭式教育。虽然在引导孩子兴趣方面，可能会起到一定作用，但那只是极少数的成功案例。因此，过度的填鸭式教育，会使孩子的思考力下降，并影响其创造力。

男孩在精细动作及认知能力方面发展较慢，所以，让他比同龄女孩晚一年入学反而会更有利。

妈妈、学校都
无法替代爸爸

再聪明的儿子
也有成绩不好
的时候

怀揣着激动心情迈入学校的男孩，在接下来的几年时间里，将经历很多或大或小的挫折。他的大脑发育速度比较慢，所以有些事情做不好也是理所当然的事情。但男孩可不会这么认为，他会觉得自己是个"失败者"，然后对自己渐渐失去自信，接着自暴自弃，直到辍学为止。就这样，还没有体验过学习的乐趣，他就已经错过了人生中最美好的学习时代，并将失去未来可能的成功。

为矫正孩子的这种错误看法，父母们最需要做的不是送他去读什么课外班，而是要改善亲子之间的关系。比如，虽然男孩的字写得歪歪扭扭，一条直线也画不好，但也不要把他推给课外班，而要为孩子增添自信心。这时爸爸的作用就非常重要了。前面已提过，与父亲关系越亲密的孩子，就越有自信。

孩子的学习能力，只有在大脑的特定部位发育完全之后才能发展起来。在孩子成长的过程中，不同的阶段会开启不同的"学习之窗"。而只有在这个时候，孩子才会对学习产生足够的兴趣。但是，不是所有的孩子"开窗"的时间都一样。有的孩子会早一些，有的孩子则会晚一些。尤其是男孩和女孩，他们"开窗"顺序各不相同。

小学 1 ~ 2 年级，是进入学习世界的关卡。但这个时候，由于认知能力发展得比较晚，在学校里男孩很容易沦落为"小小失败者"。这会让他们彻底失去争做好学生的意愿。有些男孩虽然头脑很聪明，成绩却不怎么样也是因为这个原因。学习成绩不好，他会为此感到失望和挫折。这种消极的情绪日渐积累，渐渐地，他就会失去学习动力。

通过作业恢复儿子的自信心

儿子学习不好的另一个原因是对自己能力的不确信。入学之后，能够显现个人能力的很大一部分都与作业有关。

但是，大多数男孩都不如女孩那样会做作业。如果父母不按时催促的话，粗心大意的男孩常常会连做作业都会忘记。这与回家之后就会自觉完成作业的女孩形成了鲜明的对比。这时，父母一定不能纵容，而应该给孩子灌输一种思想——做作业是一件有意义的事情，就算想做也要坚持做。

如果孩子一个人难以完成，父母可以在一旁协助。但是，请千万不要直接替孩子写作业。最好在他做作业的时候，在旁边陪着。如果有做错的地方，应该及时提醒，或者帮助他查询一下资料。总之要在"不替孩子写作业"的前提下，尽一切可能帮助他们。

但是这时还有一点是需要注意的，就是不要在孩子写作业的时候不停地抱怨。父母要保持极大的耐性，并努力成为一个积极的"学习陪伴者"。这一点做起来并不容易，需要花费很多时间。

父母们要让男孩养成自主学习的能力，
这样他才不至于由于各种挫折而彻底丧失自信。

妈妈、学校都
无法替代爸爸

期待并相信
儿子的潜力

　　天才物理学家爱因斯坦小的时候曾被当成是低能儿。在他上小学一年级的时候，老师说："这孩子的智力不会有任何指望了。"当时的爱因斯坦非常不合群，对学习也没什么兴趣，学习成绩在班上基本都是倒数。而就是这样的爱因斯坦，之后却克服学习障碍，并成为举世瞩目的天才物理学家。爱因斯坦之所以取得如此成就，是与他妈妈的引导息息相关的。要不是当时积极鼓励他的妈妈，也就没有后来的爱因斯坦。

　　爱因斯坦15岁的时候就已经能通读牛顿和苏格拉底的所有著作了。他的父母并没有急于让他提高学习成绩，而是发现了他身上独有的才能。爱因斯坦成名后曾这样回忆那段时光："那时我真是充满了对知识的渴望。"而当时如果不是他的妈妈，估计没有谁能够满足他的这种欲求。

　　犹太人父母总是对自家的孩子这样说："你就是第二个爱因斯坦"。他们总会对孩子寄于这样希望和信心：虽然现在还没有发光发亮，但是总有一天你会成长为不亚于爱因斯坦的绝世天才。

入学后，女孩的成绩相对比较稳定，而男孩则起伏比较大。女孩的语言能力比较发达，也较容易适应一些固有的条条框框，所以可以非常轻松地维持自小学以来所取得的成绩。但是进入高年级之后，男孩子的认知能力会出现比较大的提升，也不再像以前那么好动了。他们的能动性和创造性将得到极大程度的激发。这时，就很有可能会出现男孩成绩"倒追"女孩成绩的现象。所以，在小学低年级的时候，父母们要格外注意保护男孩的自信心，不要让他失去学习的动力。

当接收到有关学习的刺激时，人的额叶就会被活化。当额叶发出"啊，好棒，去看看这是什么吧"的命令时，负责感情和记忆的大脑部位就会被"点燃"。在这个过程中，如果同时还感受到愉快和满足，那么这个火种就会变得更加明亮。

当这种刺激重新回到额叶，它就会发出行动的指令。也就是说，会发出"好，去做吧"的信号。这样的刺激，换句话说就是动机。动机的形成，是大脑神经间互相连接以及大脑不同部位协同工作的结果。而动机不足则是额叶和感情中枢以及连接它们的神经之间的机能障碍。这不是意志不足的问题，而是反复的刺激所遗留下来的大脑中的一种"指纹"。尤其是在脑神经连接比较活跃的少儿时候，如果由于各种挫折而导致男孩神经连接出现问题的话，是很难修复的。

如果由于男孩学习成绩不好就悲观失望或过度斥责，无疑是在切断他前进的道路。不要因为父母自己急于求成，就强迫孩子一定要追随自己的脚步。而要多给予肯定，男孩才会做得更好。如果在男孩做得好的时候及时鼓励、支持，那么在他身上将发生意想不到的突变。而这种爆发力，是女孩们无法比拟的。所以，在男孩小时候，要善于发现他的长处并积极鼓励，这样他才不会有挫折感。

提供各种机会让男孩证明自己的能力，借此帮他建立牢不可破的自信心。

妈妈、学校都无法替代爸爸

树下是教室，
野外是学园

早上 8：00，孩子们被妈妈或爸爸的手牵着，一个个聚集到了一起。在孩子们都聚齐之后，老师会带领大家走向附近的森林。孩子们手牵着手，团坐在一起吃早饭。就这样，"森林幼儿园"开课了。

早上去幼儿园的路上，孩子们可以尽情地玩藏宝游戏。之后，他们把朴实的木头桩子当做桌子，吃一些简单的早餐（面包什么的）。虽然大家想象中的幼儿园应该是漂亮的木屋，但实际并不是这样，只备有简单的移动式帐篷，这是为了应对森林中经常变换的气候。

这就是孩子们的"森林教室"了。他们在森林里唱歌，在泥土里打滚。椅子也是木头桩子。有时老师也会给孩子们读读故事书，但这并不是课程的主题，他们大多数时间都在跑啊，玩啊，与树木为友，与大自然为友。

对于诸多自然现象，老师不会第一时间告诉孩子这是怎么回事，而是等待他自己观察、领悟。孩子们时而把听诊器贴在树干上，听树液流动的声音，时而用显微镜观察水中的微生物。到中午的时候，大家便会汇集到原来集合的地方，唱着歌跳着舞，结束一天的课程。

在德国有 700 多家森林幼儿园，甚至还出现了森林小学。自

1960 年开始，兴起于丹麦的森林幼儿园，陆续在瑞士、澳大利亚等国家安了家，接着在美国也开张了。从 1993 年开始，森林幼儿园获得了正式的肯定，政府每年都会提供一定的补助金。

森林幼儿园，是以天为盖地为庐的大自然的幼儿园。它让孩子们从人工的认知空间中脱离出来，真正地探究并喜欢上大自然。这是森林幼儿园的主旨。

对于森林幼儿园的研究目前虽然还处于初级阶段，但至少已经有研究结果可以证明，在大自然中呼吸有利于孩子的身体成长。上过森林幼儿园的孩子，相比一般幼儿园的孩子，在想象力、专注力、沟通能力、社交能力上都比较突出。

另外，还有一个研究结果也令人惊喜。一项针对小学四年级男孩的调查结果表明：从森林幼儿园出来的男孩患注意力涣散等行为障碍的几率要比一般孩子低很多，尤其是上课的时候，他们表现得更加专心。

不管怎么说，森林幼儿园对于天性比较散漫、多动的男孩来说，还是比较适合的。他们可以在那里尽情玩耍、消耗身体的能量。森林幼儿园还帮助他们大脑发育完善，让他们变得更加专注。

进入小学之后，男孩们似乎没有一件事是自己能做好的。因为他们擅长的身体活动，在教室里都是被禁止的。

现在，学校教育也该改变一下了。男孩需要多玩，并在玩中学习。而且，只有在玩耍中消耗掉一部分多余的能量，他们才能专心学习。所以，父母们要尽可能多给男孩安排实践性活动。

在"森林幼儿园"里，
男孩可以在泥土里摸爬滚打，可以探索自然。

妈妈、学校都
无法替代爸爸

　　男孩的征服欲和支配欲一般比较强。对于喜欢的东西，他会在瞬间投入极大的精力并从中获得成就感。即使只是搭积木或者组装汽车模型这种活动，都会让他更加专注和自信。所以，与其强迫他学习，不如让他自由地做自己想做的事情。在这个过程中，他的学习的能力其实已自然养成了。

　　男孩的字总是写得弯弯扭扭，还经常出现错别字，这是件令多数父母头疼的事。当男孩进入小学之后，首先最需要的帮助就是好好写字。这个过程可以适当放慢一些，可以先通过字帖练习，再慢慢养成写字工整的习惯。练字的过程，其实也是培养他自控能力和专注力的过程，有助于帮助他养成良好的学习习惯。

　　小学低年级是养成学习习惯和培养学习能力的时期。但是，如果强迫着孩子学习反而适得其反。如果还要按照父母设定的时间表参加各种课外班的话，就更会让孩子彻底失去学习的兴趣和动力。等到真正需要发挥学习能力的时候，他反而缺乏冲劲。所以最好的方法是，只给他规定最少的学习量，并鼓励他完成。而剩下的时间，就让他自由地玩耍或者运动吧。

我一再强调，运动是刺激大脑发育的特效药。从身体各个器官传达到脑部的情报，会经顶叶综合之后，发送到额叶。额叶在判断情况之后发出指令，让身体运动起来。比如踢足球的时候，会有很多信息同时汇集到大脑，这时就会刺激顶叶、额叶以及运动中枢。另外，有氧运动有助于大脑的血液循环，对孩子的大脑发育也是非常有益的。

除此之外，还要让孩子养成读书的习惯。但是不要期望他通过读书积累一些课程的背景知识，或者增加词汇量。那样，读书就变成了学习，变成了负担。 读书的目的是为了培养他想象和联想的能力。当男孩读书时，父母可以对书里的内容进行多样化的提问，这可以帮助他养成思考的习惯。

另外，还可以让孩子写写日记。父母要引导孩子把每天的感触和想法写进日记里而不是让他记流水账。在这个过程中，男孩大脑的额叶可以得到良好的刺激，从而让他茁壮成长。

第五章
成为世界渴望的新男性
有竞争力的幸福男孩必备的能力

男性的特质正在发生变化。追捧硬汉形象的时代已经过去，温柔男更受这个时代的欢迎。那么，在未来，最受欢迎的男性特质又是什么呢？

"男性形象"正在转变

以往的男性形象大多是强悍型的，这种形象以著名的城市枪击战电影 *HIT* 为代表。比如一手拿着雪茄，一手开枪的伊斯特伍德；带着大大的墨镜，嘴里叼着烟，用纸币点火的周润发……这些都是大家难以忘怀的"MACHO"形象。

所谓"MACHO"，在西班牙语中意为"马的灵魂"。也就是说，它是男子汉气概、豪爽、粗犷的代名词。MACHO 们为了自身的名誉或出于仗义，宁愿铤而走险。不过，要说最具代表性的 MACHO 男形象，人们最先想起的一定是不畏恶势力的阿诺·施瓦辛格。

在人们的传统意识里，男性就应该是保护女性、养家糊口的强悍形象。而具有攻击性、想要支配女性的詹姆斯·邦德，或者像基辛格那样具有逻辑性和理性的男人也可以算是男性的典型代表。

电影中的 MACHO 男无一不是勇气过人的强韧形象。他们很"粗糙"，随性而活。看起来潦倒，却是自由灵魂的所有者。很多被生活折磨得筋疲力尽的男性，常常在这类"热血男儿"的电影中获得"代理满足"。

但这种根深蒂固的大男子主义，会给男孩的发展带来不良影响。

如果从小就被灌输"男孩不能哭"的观念，那么男孩就无法自然表达自己的感情。

成为世界渴望的新男性

因为这会妨碍孩子自由地表达自己的感情。如果孩子从小就被灌输"男孩子就是不能哭"的观念，那他就无法自然表达自己的感情，与父母之间也不能形成亲密的关系。这样的男孩，在日后的成长岁月里，会极度压制自己的感情，只会一味地追求实干。

迄今为止，对于男性的情感世界，人们并不熟悉。大多数男性都无法理解他人甚至自己的真实情感。也正因为爸爸们不擅长这一点，所以无法向儿子表达爱意。所以，在对待儿子的时候，他就会习惯性地使用竞争、统治、批判等方式。

今天，男性在生物学上的优势，受到了各方的质疑。萨尔兹曼甚至在他的著作《男人的未来》中表明，在生物学上，男性正在慢慢被淘汰。

纵观全世界，女性普遍要比男性长寿 8 年，并且这一差异正在逐渐拉大。而且，在 30 多岁的时候男性发生意外的危险性要比女性高 15 倍。另外，男性自闭症、阅读困难、酒精中毒甚至自杀的概率都要比女性高出三到四倍。

男性的生殖能力也在降低。丹麦的研究小组曾对欧洲 15 000 男性进行过调查，结果表明：与 1938 年相比，1990 年男性的精子数减少了 42%。另外，赫尔辛基的研究小组还证明，与 1981 年相比，1997 年的时候具有正常精子生产能力的男性比率由 56% 降到了 27%。造成男性生殖能力低下的原因可能是肥胖、运动不足、酗酒、抽烟等不健康的生活方式。而男性不健康的生活习惯显然要比女性多得多。

遗传学者布莱恩赛克斯说，Y 染色体正处于退化状态。女性可以从爸爸和妈妈那里各得到一个 X 染色体，在这个过程中，X 染色体

社会迫切需要的是坚强、高贵、爱、有教养与健康的男性活力，以对抗抑郁、无力和社会病态。

成为世界渴望
的新男性

发生了交叉，从而发生进化。而男性则是从妈妈那儿得到一个 X 染色体，从爸爸那里得到一个 Y 染色体。Y 染色体不会发生交叉，所以从爸爸那里只会得到相同的遗传因子，不会发生进化。也就是说，即使上溯到祖宗十八代，父辈们的 Y 染色体都是完全一样的。

而这最终的进化结果就是：X 染色体上会有 1 500 个遗传因子，而 Y 染色体上只有 2 ~ 30 个遗传因子。因为没有进化，Y 染色体的"淘汰"已经开始，说不定 20 万年之后，男性就会从这个地球上彻底消失了。

英国的卡莱恩麦乐尼博士说，未来，不会再需要男性的肌肉力量。即使在生殖这件事上，在不再需要男性的存在。因为仅是储藏在冷冻精子库的精子数量，就足以保障全世界具有 67 亿人口的规模。而在西方，通过冷冻精子寻求生育的单身妈妈数量正在慢慢增多。

同时，关于男女之间的角色差异似乎也在慢慢模糊化。在原本只有男性才能胜任的职位上，开始出现越来越多女性的身影，而男性们只能在背后自怨自艾。长此以往，在未来的某一天，男人们举起条幅发动示威游行，要求"两性平等"的情景说不定也会发生。

男性危机，势必引发人们对于男性特质的重新思考。男性的形象正在悄然发生变化。

最近经常会听到"Metrosexual"这个词。Metrosexual 指的是关心时尚、关心发型、有时还会做指甲护理，时而刮一刮腿上的毛，总之积极享受内心深处的"女性特质"的现代男性。

"Metrosexual"意为"都市玉男"，指的是非常舍得为自己花钱的城市男。这种男人的气质慢慢中性化，时而还会呈现出女性的一面。但是他并没有抛弃自己的男性特质，只是为了提升自我的价值，自然地接受了"偏女性"的部分。

"都市玉男"现象并不是男性的虚荣心作祟，而是反映了男性气质的根本变化。也就是说，随着社会的发展，男性特质的自然变化，催生了如今的"都市玉男"现象。

与此同时，最近还新生了一个叫做"M-ness"的专业用语。所谓"M-ness"就是代表男性的"M"和代表女性的"ness"的组合。"M-ness"就是集中了以力量和权威为代表的男性特质，以沟通和鼓励为代表的女性特质于一身的新时代男性。也就是说，"M-ness"指的是温柔的男性，兼具了女性特质的男性。

为了跟上时代的脚步，
男性们也开始培养自身的"新特质"了。

成为世界渴望
的新男性

143

男性，越来越温柔了

现在的经济结构与过往相比已经截然不同。只靠男人赚钱养家的时代已经谢幕于历史舞台。过去，男性们凭借着体力和敏捷性，几乎在各个行业充当着领导者的角色。但是，随着产业时代的到来，在服务业和信息产业等行业，男性的特质却慢慢失去了竞争力。与此相反，女性的优点——亲和力、与人共鸣的能力，创意能力却开始受到各方的认可。也就是说，女性的纤细、柔和、精巧慢慢被这个社会所需要。

MACHO 男已经不再具有竞争力。今天的女性更喜欢心细温柔的美男，而不是冷酷的 MACHO 型肌肉男。过去，对于男性伴侣，女性几乎没有太多的选择权。因为如果不赶紧结婚，她们就会被当做人生不完整的人。而且，只靠女人一个人，难以获得稳定的经济来源、社会地位和应有的保护。

但是，现在情况不同了。今天的女性有了更多的选择权，不管是选择跟谁结婚，甚至要不要结婚都可以自主决定。如今，有相当一部分女性，已经不再拘泥于"人生非要结婚"的迫切。她们可以自己赚钱，并且可以在职场上做出一番成绩。结婚对她们来说，已经不是人生必不可少的组成部分了。

在美国，曾经以成人男女为对象，以"是否必须要有人生伴侣，才能获得人生的终极成就感"为题做过一系列调查。结果表明，在男性中回答"是"的比例有 77%，而女性做出肯定回答的却只有 64%。也就是说，男性比女性更需要人生伴侣的陪伴。由此推断，在我们的下一代，男孩们要找到心仪的伴侣将会变得越来越不容易。

随着时代的变化，社会所需求的男性特质也在发生着变化。女人在慢慢变强，男人也要慢慢学会温柔。

儿子通过父亲学习男性特质

帮儿子解开
奥狄浦斯情结

　　在对 5 岁的男孩汉斯进行一系列的精神治疗的过程中，心理学家弗洛伊德提出了一个新的精神现象，他把这一现象命名为"奥狄浦斯情结"。这个名称取自希腊神话中的一个人名，意为想要通过与爸爸的竞争，把妈妈占为己有的心理。

　　汉斯很小的时候就对马非常恐惧。他是一个想象力非常丰富的小孩，有什么想法都会表现出来，这对于治疗多少有些好处。有一次，汉斯在动物园里看到了巨型动物的生殖器，自此之后，他便认为所有的东西都是有生殖器的。比如当他看到一个喷水的水车，他就以为"水车在尿尿"。这是因为，汉斯通过"性的眼镜"来看待现实中所有的事物。因为 3 ~ 5 岁是幼儿性发育的时期。

　　汉斯对马的恐惧症可以分为两种，一种是"马要咬我"，另一种则是"马要跌倒"。弗洛伊德认为，马就是汉斯的爸爸。而之所以汉斯会对马抱有两种截然不同的恐惧情绪，一方面是因为要争抢妈妈，他认为爸爸是他的竞争者，所以希望爸爸干脆消失就好了；但另一方面，他也担心，生他养他的爸爸如果真的消失了该怎么办。弗洛伊德说，这两种截然相反的想法——想要占据妈妈的单方面的诉求和因抱有这种心理而担心被爸爸报复的不安——让汉斯长期被罪恶感和抑郁症所折磨。而究其原因，无意识的性冲动和对于外部世界（以爸爸为代表）的对立，应该就是这种不安的源泉。

其实，汉斯并不是什么叛逆儿童。相反，他的性格非常开朗、温顺。在接受精神治疗后过了13年，当他再度站在弗洛伊德面前时，已经是一个非常正常健康的年轻人，甚至连小的时候接受过精神治疗的事情都已经忘记了。

弗洛伊德认为，汉斯的事例是每个人在性的意识发展阶段都会遇到的问题。他把这一阶段命名为"奥狄浦斯期"，在这个时期，每个男孩都会经历奥狄浦斯情结。

3岁之前，男孩与妈妈之间的亲密关系会影响到他日后性格的形成。3岁之后，随着爸爸这一角色的介入，家庭关系会发展为三角关系。而弗洛伊德所说的"奥狄浦斯期"也正是这个时候。妈妈－爸爸－自己，在这样的三角关系中，孩子的性别意识渐渐萌芽。孩子会渐渐意识到有一个跟自己性别不同的异性的存在，在经历一定的接收过程之后，就能成功地克服所谓的"奥狄浦斯情结"了。

儿子想要让爸爸消失，从而独占妈妈的心理，同时会引起另一层不知道何时会被爸爸报复的不安心理。

为了克服这种不安，儿子会在心理上慢慢消除这种无意识的占有欲，转而把自己和爸爸同一化。也就是说，由原本"想像爸爸一样，可以任意地爱妈妈"的心理，转变为"想成为跟爸爸一样"。而在与爸爸同一化的过程中，儿子就慢慢萌生了对于"男性"的认识。

当儿子感觉到爸爸介入到自己与妈妈之间的时候，会产生独占欲。成为世界渴望的新男性

147

在"奥狄浦斯期",儿子会照学照搬爸爸的样子和行为。他会通过爸爸了解自身的"性",也通过爸爸学会人生观和价值观。

我为什么和妈妈不一样?

当儿子认识到自己与妈妈在"性"上有所不同的那一瞬间,认清自己与妈妈并不相同的事实之后,他会觉得很难过。这时,为了缓和这种冲击,爸爸就要积极行动起来。

爸爸要明确地告诉儿子,他与妈妈之间的差异在哪里。同时,帮助他通过爸爸来认知他自己。当儿子认识到自己与爸爸属于"同质"之后,便会想要进一步探究自身的男性特质,做好迎接新变化的准备。

在这个时期,爸爸要保持一个既权威又慈祥的形象,并让儿子自然而然地接受自己的"攻击性",并向他正确展示什么才属于健康的"攻击性"。而这一切都可以在游戏中学习。爸爸可以制订一个挑战目标,然后让儿子充分地展现自己的力量和"攻击能力"。

"说一百句话，不如以身作则有效。如果所有父母在平时就能给孩子做好积极乐观、具有决断力、有责任感的榜样，那么市面上所有有关亲子教育的书，都可以消失了。"

这是精神科医生高登·李冰斯特在《知道得太早，领悟得太迟》中的原话。所有的学习都是从模仿开始的。男孩在学说话之前，会有上段长时间的学习观察期。孩子之所以像父母，并不完全是遗传基因的作用，更大程度上是因为他从小就在观察父母，并下意识地把妈妈或爸爸的行为模式内化为自己的。

在这个时间段，父母是孩子接触的第一个，也是最为亲密的成人。父母展现给孩子的形象，将影响他的性格和习惯。因此，身为父母，应该对所谓的幸福人生有所领悟。如果父母看起来很幸福，孩子才会长成幸福感很强的人。

儿子也是爸爸的镜子

在与爸爸的各种身体接触中，儿子开始饶有兴致地探索"男性

男孩需要知道"好男人是什么样子"：
一个可以模仿的男性榜样。

成为世界渴望的新男性

的世界"。对他来说，爸爸是什么困难都难不倒的英雄。儿子都想向爸爸学习。在这个过程中，他会学会男子汉气概，形成各种能力。

同时，爸爸又是儿子的竞争对手。而为了最大程度减少这种由于竞争心理而导致的下意识的不安感，最好的方法就是与爸爸进行身体接触。在与爸爸"肉搏"玩耍或者比赛的过程中，他的能量会慢慢被消耗，与爸爸的矛盾也慢慢减少。

总是夸大自身能力以及犯了错也要逞能的爸爸，只会留给儿子一个"歪曲"的形象。这只会让他觉得爸爸是个"有所缺失的人"。

与此相反，即使孩子失误了也会一如既往地给予支持的爸爸，可以坦然地认识到自我的不足和失误的爸爸，能够赋予儿子迎难而上的勇气。因为他可以通过爸爸学会如何应对失败、承认错误、认识自身的不足。

通过这样的爸爸，儿子会认识到人性的弱点，从而形成一幅"现实的自画像"。同时，他会抛弃所有非现实的妄想和完美主义的倾向，成长为着眼于现实的、具有融通性的现代男性。

第 3 节

成功教出好儿子的关键法门

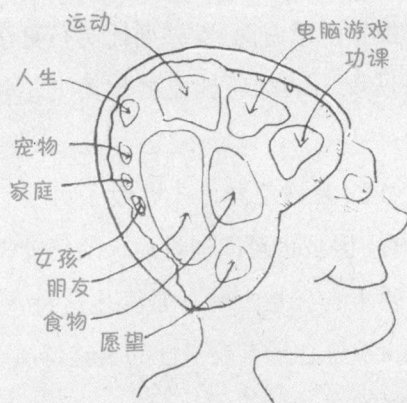

运动　电脑游戏
人生　　　功课
宠物
家庭
女孩
朋友
食物
愿望

男孩的大脑

在很大程度上，男女之间的差异都是源于大脑结构的不同。比如，男孩连接左脑和右脑的那部分脑的容量要比女孩小一些。这说明，他们的左脑和右脑的联结发育得不够完全。所以说，在主观的右脑和客观的左脑的相互作用方面，女孩要比男孩更活跃一些。也就是说，她们在遇事时所展现出的融通性要更加突出，并且还可以同时处理很多事。

正是因为这样的大脑差异，才导致了男女之间如此不同。这种差异虽然是天生的，但是也可以通过后天的培养，慢慢减小这种差异。

其实，社会要求和父母期待才是深化这种差异的重要因素之一。现在我们所见到的强势且带有攻击性的男性特质，实际上是在社会化过程中一步步深化的。

其实，在养育的过程中，男孩的攻击性可以通过不同的方式给予引导。同时，他们的与人共鸣的能力和沟通能力也可以通过教育得到更多的提升。

在性别上没有固定观念的男孩，在与同伴玩耍的时候，会表现得更有领导才能，并且善于说服对方。因为他懂得鼓励，也具有沟通能力。相反，过于执著于性别意识的孩子，只喜欢坚持自己的主张，不具备说服他人的能力，对于突发事件的应变能力也比较差，综合竞争力不强。

一个固有观念会生出一连串的固有观念。这自然会给创造力带来负面影响。没有被性别意识禁锢太深的孩子，自尊感比较强，融通性和适应力都很好，进取心也比较强。

凯泽教授在《不能把我的孩子养成 MACHO 男》中，这样介绍了具有"两性"的男孩形象：

> "当音乐响起时，他会跟着节拍跳舞。他们很爱笑。给他一个玩具，他可以专注地玩很久。他对别人比较关心。他喜欢与爸爸妈妈的身体接触。他喜欢花、动物以及比自己小的孩子。他喜欢反复研读一本书。遇到别人打架，他会上前劝架。他对于味道敏感。当感到恐惧的时候，他会诚实地表达。"

如果 3 岁之前的男孩表现出了这样的特征，那么就可以判断他具备"两性"物质。凯泽教授还介绍了另外一种相反的情况：

> "他强忍着不哭，感到害怕时也不表达。他不喜欢跟朋友们一起玩。他常常表现出不耐烦。他不懂得体恤对方，常常动手打别的小孩。他常常发火，嗓门很大。他对于衣服或者外貌毫不关心。他听到音乐没有多大反应。给他读书的时候，他也不大听得进去。"

如果你为儿子做所有家务事，那么你们双方都会错失亲密共处的机会。

成为世界渴望的新男性

153

如果是这样的孩子，日后长成MACHO男的可能性就比较大了。这时，更需要父母的积极介入。

当孩子表现出这种状况的时候，父母们不要不以为然，不当回事。父母要充分认识到问题的重要性，从而制订应对的策略。虽然有句话说"三岁看老"，但只要努力，也还是具有改正的可能性。孩子还很小，还具有无限的可能性，一切都还来得及。

培养外柔内刚的真男儿

要想让男孩不被性别意识所束缚，从而具有自由的思考能力和天然的自信，爸爸的作用非常关键。

平时，最好不要过于强调性别上的差别。比如"因为你是男孩子啊"，"男子汉哭什么哭"之类的话，最好可以克制一下。另外，可以把静态游戏和动态游戏有机地结合起来。不要因为他是男孩子就只给他买枪啊，机器人之类的玩具。偶尔也要让他尝试一下给娃娃做衣服，剪纸等培养协调性和感受能力的游戏。

而且，最好从小开始就教男孩做一些家务。现在的家庭都是夫妻双方挣钱养家，所以男性也要担负起做家务的重责了。所谓"家务事"，不仅包括打扫卫生、做饭，还要包括家庭装修，理财等。从现在开始，孩子自己玩的玩具就让他自己收。一些简单的家务就直接交给他来做，这样才能让他从小就对做家务产生兴趣。

不要对男孩强调"男人一点都不沾家务事"的观念，而要欢迎他多多"光顾"厨房。在妈妈刷碗或者做饭的时候，可以让他站在旁边看。其实，对男孩来说，厨房里形式各样的锅碗瓢盆和工具都非常有趣。爸爸如果可以跟他一起做饭或者刷晚也是一个很好的方法。

但是，不要强迫孩子做家务事，而要提议他做一些他喜欢观察并感兴趣的事情。比如，往桌子上摆餐具、装小菜、扔垃圾、煮鸡蛋等事情。不要因为刚开始时他不擅长，就抢过来自己做。当他主动做家务的时候，最好称赞一句"自己都会干活啦，我们儿子真是长大了。"在进入小学之后，男孩的自尊意识也会随之增强，父母最好给他们安排一些具有一定挑战性的事情。

当男孩表现出体恤他人和多情的一面时，父母们也要多多称赞。同时，让他尽可能多地接触美丽的景色和动听的音乐，从而提高他的感受能力。

当然，这并不意味着男性特质就完全弃之不顾了。如果在没有树立起稳定的男性特质之前，就一味地强调女性特质的话，男孩只会变得更加软弱并容易依赖别人。男子气概不是自然而然形成的，这也是一种教育成果，是孩子成长过程中的必修课。而如果父母不给以关注和帮助的话，他自己一个人是不可能完成和。

被爸爸充分关怀和爱护过的男孩，会具有比较和谐的男性特质，长大后会成为外柔内刚的真男儿。

提升儿子的 EQ

1990 年，新罕布什尔州立大学的约翰梅尔教授和耶鲁大学的皮特教授首次在论文中使用了 EI（Emotional Intelligence，情绪智力）这个概念。而对此颇为感兴趣的心理学家丹尼尔·戈尔曼教授出版了一本叫做《情商》的著作，立刻引起了社会的广泛关注。戈尔曼教授在书中提到的"聪明的傻瓜"，"高智商不能保证成功"等说法，也颇具说服力。实际上，已经有研究表明，在所有的成功因素中，智商只占据了不到 20%，而情商则占据了超过 80%。

EQ，意为一个人的情商，具有社会性，在与人交往的过程中作用尤为明显。丹尼尔·戈尔曼教授提出，EQ 的构成要素包括：自我认知的能力、表达自己的能力、控制消极情绪并加以消化的能力、与他人产生共鸣的能力、在情感上为他人提供支持的能力、树立目标后努力达成的能力、延迟满足的能力、与人沟通并解决问题的能力等。

这样的能力会对成功和幸福感产生极大的影响，而这种影响力远远超过 IQ 所能带来的。IQ 的遗传性比较强，但是 EQ 则可以通过后天培养。特别是父母与孩子之间的关系，在很大程度地影响到孩子的 EQ。而在这方面，社会经验丰富的爸爸给孩子带来的影响要远远大于妈妈。

那么，为了提高孩子的 EQ，爸爸应该怎么做呢？最重要的是孩子保持亲密关系。如果与孩子之间的关系不够亲密，就算爸爸是多么好的榜样，也不会给孩子带来很大影响。另外，努力做好一个称职的爸爸，也是非常重要的。

好爸爸首先是好丈夫

为了成为好爸爸，就一定要跟妈妈保持良好的关系。夫妻之间要相敬如宾，相濡以沫。

不管怎么说，大部分时间照顾儿子的人还是妈妈。一般来说，在跟儿子相处的过程中，妈妈会积累较多的压力。而这时，照顾妈妈的责任就落在了爸爸身上。妈妈情绪稳定，心有余暇的时候，才能更好地照顾儿子，把百分之百的爱都给他。

而如果夫妻关系不好的话，妈妈会习惯性地把由此产生的压力发泄在儿子身上。而当妈妈在儿子身上同样发现了丈夫的坏习惯之后，可能会在不知不觉间将攻击的矛头转向儿子。

另外，父母长期不和还会对孩子造成较大心理压力，从而威胁他的健康。

其实，爸爸同样可以跟孩子形成亲密关系。爸爸的教育，可以提高男孩的心理稳定性，同时增强其自尊感。爸爸可以成为男性特质的标签。在跟孩子相处的过程中，对于男孩的想法和优缺点等各方面都会有全面的了解。

在一起的时间虽然很重要，但最重要的还是爸爸的态度。爸爸应该了解儿子的心理。切记不要一个劲地唠叨，而是要认真观察他真

如果男孩很少和父亲或其他男人接触，
就不知道如何当个男人。
他会因为不了解自己而无法控制情绪。

成为世界渴望
的新男性

正想要的是什么，或者他生气的原因又是什么。男孩的自我意识一般比较强，如果唠叨个不停的话，很可能会激起他的叛逆心理。

爸爸要把自己的知识和经验跟儿子分享。想法需要分享，不要命令孩子做什么，而是要提议；不要要求，而是劝导。不仅要说出自己的想法，而且要从儿子那里寻求回馈。

当爸爸要指导孩子做一件事情的时候，不要一味发出指示或者命令，而要尽可能多地提供有关这件事情的信息。比如，可以提出一种忠告："如果使用这种方法可能会更容易些。"

男孩可能会经常闯祸或者顶嘴，但如果总是对妈妈使性子的话，妈妈会很累。这时，爸爸就要出马了。但需要注意的是，在对男孩的教养中，爸爸的形象尤为重要。如果在孩子心中，爸爸根本不值得尊敬，那么即使爸爸再怎么严厉或者说话多么大声也没用。

不过，在"教训"儿子之前，首先要整理一下自己的情绪。大声说话或者打骂都不会取得很好的教育效果。一方面，这样做会损坏自己在儿子心目中的良好形象；另一方面，对于这种"暴力行为"，儿子会全盘模仿。其次，在"教训"的过程中，表情、身体姿势和手势都非常重要。因为在沟通的时候，80%都不是靠常规语言而是肢体语言来表达的。

其实，在教养的过程中，爸爸不必非得使用话语或者身体语言，只要以身作则就好。因为不管是在家中还是在外面，爸爸的生活态度会给儿子带来巨大影响。比如，儿子通过观察爸爸如何与人打交道，来学会跟朋友相处的方式；爸爸管理时间和使用金钱的方法，享受人生的态度，以及排解压力的方式，都会对儿子的生活方式产生潜移默化的影响。尤其是爸爸对待女性的方式以及调节情绪的能力以及工作时的思考方式，都将对儿子造成决定性的影响。

培养儿子
悲天悯人之心

在电影《查理·巴特利》中，讲述了这样一个故事：

17 岁的少年查理，在一所私立学校上学。在老师眼中，他是个不受欢迎的淘气包，但实际上是个聪明过人、心地善良的孩子。一次，为了获得朋友们的关心和拥戴，查理为他们制造了假冒驾照。这件事被发现后，学校开除了他。后来，他来到自由奔放的公立学校。

到公立学校上学的第一天，他就被同学们嘲弄，什么事都不顺利。但是，没多久，头脑聪明的查理就利用医生给自己开的抗抑郁药方，在学校洗手间旁边开了一个"烦恼聊天室"。查理认真倾听同学们的苦恼，然后给他们开出了像模像样的"处方"，由此一跃而为全校最受欢迎的人。

为什么一个简简单单的"烦恼聊天室"，就能让查理一夜之间从倒霉蛋变成明星？因为查理倾听了朋友们的烦恼和痛苦。心情沮丧的人，仅仅是把痛苦说出来，就能获得很大的安慰。"倾听"本身就具

帮助男孩理解他人、
具同理心并让他学习当个善解人意的人是非常重要的。

成为世界渴望
的新男性

有治疗的作用。如果能用心倾听并努力体会对方的心情，效果会加倍。

总体来说，男性不如女性那样具有强烈的同理心。实际上，人际交往的大部分内容就是感情沟通。当感情沟通不顺畅的时候，就会出现各种各样的情绪。而当别人无法理解自己的心情的时候，便会感到郁闷、生气甚至厌烦。当事理方面的沟通出现问题的时候，只要慢慢说明就会明白；但当感情沟通无法达成一致时，就会给沟通双方带来负面情绪。

EQ 概念的提出者丹尼尔·戈尔曼曾经说过，这个时代最为需要的一种素质就是感情带入。不是假装理解别人，而是真正地设身处地地为别人着想。其实，感情带入，跟共鸣是一脉相承的概念。

当我们与对方说话的时候，在我们的大脑中，专门分析内容的意思和语言的"High Road"和专门分析表情和身体语言等非语言因素的"Low Road"会同时开启。在女性的大脑中，"Low Road"更加发达，所以较容易与人形成共鸣。相反，男性则是理性的"High Road"比较发达。

我们生活在日新月异的信息时代。在未来，我们获取知识的途径会更加丰富。所以，相比于知识的积累，领导能力、人格、关爱和共鸣能力等人性方面的素质将变得更加重要。

所以，从现在开始，要培养男孩表达自我、体恤他人情感的能力。为此，爸爸要起到积极的作用。平时走在大街上的时候，可以让男孩通过来往路人的表情来判断他们的心情；遇到什么事时，可以留给他充分的时间来抒发自己的感情；在家里时，可以让他养一些植物或者宠物；在外面时，可以和他一起参加一些社区的志愿活动，让他从小学会照顾他人。

被教训时，男孩通常不会表现得太难过。也许正因如此，父母在教训儿子的时候，通常会使用更加严厉的方式。实际上，在被揍之后，男孩也会受到伤害，也会难过，只是不表现出来而已。

当男孩的某些想法或者行为不对时，父母要起到领路人的作用。如果有哪些不满意或者看不惯的部分要直接讲出来，并尽可能提供解决的方法。跟孩子沟通的时候，要尽可能用"我"字开头，表达我看到的，我感觉到的，我所期待的。这被称为"我"字句。

比如说，当男孩在外面玩到很晚也不往家里打电话的时候，大多数妈妈都会这样说："你怎么连个电话也没有，不知道妈妈在家等你呀？"这是典型的刁难式口吻，属于"你"字句。这句话如果换成"我"字句的话，应该这么说："也没给家里打电话，妈妈很担心你"。通常，这种"我"字句不会引起男孩较大的反抗心理。另一方面，这句话已经把日后改善行为的责任交给了他，所以算是比较有效果的。

只要适时拥抱、跟他说话、聆听他的感受，
就可以确保儿子不会变成封闭内心情感的大人。

成为世界渴望
的新男性

161

不善于表达情感的男孩，情商也会降低

有时候，男孩常常因为表达了自己的伤心或痛苦等情绪，反而受到更多的批评和打骂。那么，受到批评的男孩，自然会认为表达自己的感情是不被认可的事情。而这种经验会降低他的情商，即表达情感和调节情感的能力比较低下。

这样的男孩长大后，在遇到困难时，会变得手足无措。因为他完全不懂得表达自我或寻求帮助。所以，在养育儿子的过程中，尤其要帮助他顺畅地表达自己的情感。

爸爸要弄清楚孩子为什么会采取这样或那样的行为以及行动背后的真正原因。有时，男孩会表现出愤怒、恐惧、绝望、甚至有气无力的样子。这是因为，他不太清楚自己的情绪到底应该怎么定义。这时父母需要积极地倾听男孩的内心世界，尽可能理解他。

所谓"积极地倾听"就是努力理解说话者的情绪或者话中的含义，然后将自己听到并理解到的内容与说话者再确认。此时并不做出评价、提出意见或者忠告，只是进一步确认自己所听到的内容。

同时，为了做到"积极地倾听"，还要懂得与儿子形成共鸣。首先要认真听他讲话。这时，不要马上对他说的话表示否定或者加以反驳。也不要无视他的意见。所谓形成共鸣，就是站在儿子的立场上思考问题、得出判断。为了做到这一点，就要清楚地了解孩子的处境。不过，如果平时跟他的关系不够亲密，是很难做到与他形成共鸣的。

美国心理学家约翰·加特曼博士在《爱孩子的方法》中曾提出："情绪是要接受的，行为是可以帮助改正的"，并介绍了一种"情感疏导"的方法。

当男孩被各种负面情绪包围的时候，有的父母要么想方设法让

他镇定下来，要么干脆视而不见。但负面情绪是不会自己消失的，而会慢慢地在心中积累。当男孩感到悲伤、生气的时候，其实最需要父母陪在身边并帮助他接受自己的情绪，然后再从中走出来。

孩子从父母那里学会了伤心、害怕、痛苦、紧张等多种多样的"情绪模型"。当他的内心世界处于"非正常"状态时，他会为这种陌生的情绪下"定义"，并融合成自身的一部分。同时他会明白，这样的情绪每个人都会有，是很正常的。

可以采取一些方法帮助男孩对各种情绪下一个明确的"定义"。比如，当看到他泪眼蒙眬的时候，可以问他"很伤心，是吗？"通过这样的方式，他会理解自己的情绪，也学会了表达这种情绪的词汇。当他接受了自身情绪之后，就可以过渡到解决问题的阶段了。

加特曼博士提到的"感情疏导"，就是让孩子感觉到自己的情绪是什么，并找到解决问题的方法。这样做，可以让孩子更好地调节自己的情绪。另一方面，这对于提高他的专注力也有很大的帮助。

对于经常"闷葫芦"或者行为散漫的男孩来说，让他学会表达自己的感情是至关重要的。通过"积极的倾听"和感情疏导，可以增加亲子之间的情感互动，也有利于提高他的情商。

第六章
爸爸上心，儿子开心

爸爸如何帮助儿子成长

为了让懦弱无力的儿子成长为堂堂正正的
男子汉，爸爸应该付出哪些努力呢？

父亲的刺激帮助儿子成长

男孩会记得所有关于身体的体验。曾经在游乐场跟朋友们在泥土里摸爬滚打的事情、在野外露营的事情、躺着遥望美丽夜空的事情……都将化为身体的美好记忆。在日后的学习中，他会积极运用这些过往的体验。对于他来说，"经验知识"非常重要。所以，男孩并不适合一天到晚坐在教室里接受填鸭式的教育。

老老实实地坐在教室里听课，男孩会很容易开小差。当这种填鸭式教育一再重复，会让他渐渐失去对学校兴趣。这样的教育方式，可能会阻碍孩子成长，会摧毁他的好奇心、创造性以及社交能力。

要提升学习能力，真正有效的是从小与大自然亲密接触的经验，而不是案头上的书本。男孩就应该在自然中尽情奔跑。这样才能激发他的好奇心和想象力。大自然能够给他带来惊人的学习效果，这是课本知识远不能比的。

女孩喜欢按部就班地完成一件规定下来的事情；相比之下，男孩则不喜欢走规定的套路。因为男孩的好奇心天生比较强，而且做事时一般不会瞻前顾后。所以，基本上不能要求男孩老老实实地待在那里坐等结果的出现。

在大自然中摸爬滚打的记忆，
对提高男孩学习能力非常有益。

爸爸上心，
儿子开心

男孩喜欢通过直接的身体接触来获取经验。当他的脑海中浮现出某种想法时，就一定要马上实现。即使遭受失败，这个过程也会激发他的行动力和创造力。在大自然中经历的偶然事件，可以让他获得意外的惊喜，并让他获得多种多样的体验。那段充分遵从好奇心驱使的经验，可以培养男孩的应对能力，同时提升他的自信心。另外，自然也可以净化男孩的心灵，刺激他的大脑，提升他的观察力和想象力。

在这样的过程中，爸爸的加入还可以提高男孩的社会适应能力。爸爸可以给他提出很多更高难度的课题。不过，这些课题最后能否被攻克并不重要，即使失败了，孩子仍旧可以从中学到和领悟到很多东西。小时候，如果过分强调效率，很容易阻碍男孩的创造性发挥。当经历了一连串的失败之后，终于获得成功的瞬间，男孩将沐浴在幸福感与成就感里。这有助于提高他的自信心和自尊心。

活跃的爸爸，造就聪明的儿子

　　男孩站在爸爸的肩膀上看世界，并经历冒险的旅程。跟爸爸在一起的时间越长，他积累的知识和经验就越多。爸爸可以尝试和儿子在帐篷里度过一晚、徒步旅行或者钓钓鱼、登登山。

　　原本与儿子关系不够亲密的爸爸，可以通过野外活动拉近彼此之间的距离。当儿子看到爸爸在生火、烤肉时所展现出来的熟练的生存技能和姿态时，心中的敬仰之情就会油然而生。又比如登山时，看到在身后照顾和保护自己的爸爸，儿子自然会对爸爸多一份信赖。

　　但是，有些爸爸工作比较繁忙或者体质上不适合野外活动。如果是这样，可以选择在家附近的庭院或者公寓阳台上一起吃野餐。当看到平时不太下厨的爸爸认真准备食物的时候，孩子会感到十分新鲜。当然，如果与孩子一起到离家较近的公园打打羽毛球、踢踢毽子也是很好的选择。在积极进行野外活动的同时，也要注意开展各式各样的情感体验教育。比如，可以与孩子一起参观展览或欣赏演出。但对于看演出这件事，并不是看的次数越多，情感就越丰富。

　　在观看演出之前，爸爸要和儿子一同做一些观览前的准备，交换一下想法。如果能对即将观看的演出提前做一些功课，就更好了。

与爸爸在一起的时间越长，儿子就越聪明。 爸爸上心，儿子开心因为如果有相关的背景知识作为铺垫，会使得观看体验更加有趣和有意义。如果是听音乐会的话，可以在去之前让儿子听听即将演奏的曲目。那么到了公演当日，当音乐响起的时候，孩子会更容易专心，也更容易感动。如果是去画展的话，可以在去之前了解一些画家的趣事和相关的美术简史。当然，这要求爸爸自己首先要做好功课，才能讲得明白。

同时，爸爸还要为男孩提供接受挑战的机会。小时候，每个人心中都会有或大或小的梦想。虽然在成长过程中，这些梦想很多都会慢慢消失，但其中总会有一些成为贯穿一生的理想。所以，爸爸一定要多多关注男孩的梦想。即使这梦想听起来荒诞可笑，也要仔细询问他其中的原因。

小时候，男孩即使对某些事感兴趣，也还不懂得如何将兴趣转变为梦想。这时爸爸又要出马了。爸爸要与他一同考虑"为了实现梦想，需要采取什么行动"，同时帮助他为了梦想而付诸实践。比如说，如果孩子喜欢做饭，就让他做一些简单的料理。如果他喜欢流行歌曲，就让他讲讲其中的门道。

通过这样或那样的挑战，男孩会了解自己到底喜欢什么以及为了实现这个理想，需要做些什么事情。由此可以带动他更加自发地采取行动。这样的挑战，是男孩实现梦想的里程碑，也是培养他各项能力的宝贵机会。

让男孩自己寻找挑战的目标，这点非常重要。不是爸爸让他干什么他就干什么，更不要强迫他做什么。爸爸只要在旁边加油打气就可以了。有时，帮助他制订具体的挑战项目明细也是很必要的。比如，想做这件事的理由，目标期限等。

　　玩耍，是一个交流感情的过程。通过玩耍，爸爸可以和跟男孩建立沟通的途径。在这个过程中，爸爸可以发现他喜欢的是什么，也可以帮助他排解不良的情绪。不过，跟孩子一起玩的时候，爸爸要记得站在孩子的"高度"，与他"平等"地玩。

　　与爸爸在一起的愉快经历，将成为男孩成长过程中的内在动力。玩耍，可以给男孩的情绪带来良好影响。通过玩耍，男孩可以跟爸爸建立一种稳固的依赖关系。

　　在玩耍中获得乐趣的孩子，普遍来说头脑比较灵活。在大脑发育的过程中，他感受到的压力会减少，这将有助于额叶的发育，并可以提高专注力。总之，玩耍对于孩子智力的发展是件非常有益的事。

　　对于男孩来说，玩耍就像是人生的演习。通过游戏中的各种情境，他可以获得必要的生活知识并形成相应的能力。比如，沙子能激发男孩的创意。他可以在沙子上画画，或者把它塑造成任何一种模样，这会让他感觉到自己对环境是有控制力的。随着这种经验的慢慢积累，他的自信心会渐渐增强。同时，通过在各种不同的环境中做出不同选择，可以锻炼孩子正确选择的能力。

唯有借由触摸、眼神交流、笑声和游戏，
孩子才能感受到自己被疼爱。

爸爸上心，
儿子开心

当孩子慢慢长大之后，可以从单纯的玩耍发展为较有建设性的活动。比如洗抹布、打扫卫生、倒垃圾等。如果孩子一个人做这些事情可能有些困难，但如果跟爸爸一起的话，他会出于帮助爸爸的美好愿望而感到无比满足。而且，就算再困难的事情，如果有爸爸的帮助，也都可以克服，这会让孩子获得成功的喜悦。有研究结果表明，当孩子与爸爸一起做一些"有意义"的事情的时候，孩子的责任感和自尊感都会有所提升。

周末的时候，爸爸还可以跟孩子一起做做饭。通过各种食材的巧妙搭配，可以极大地激发他的创造力。从构思菜式、逛市场，一直到装饰食物的方法，爸爸要与儿子一起想，一起行动，才能极大程度地加强亲子间的互动。在这样的过程中，孩子与爸爸之间的了解会加深，彼此之间会更加亲密。在此过程中，有一点非常重要，那就是爸爸一定要全程投入，要积极地观察孩子的反应，并站在孩子的角度思考问题。

能砥砺儿子
的游戏是正道

所谓"游戏"，并没有什么规定的框框。根据时间、地点的不同，可以有不同的变形方式。它可以不受任何拘束，想怎么玩怎么玩。通过游戏，可以培养男孩的能动性、挑战精神、创造性。同时，在与别人一起玩耍的时候，他还能学会体恤别人和适当妥协。另外，当他尽情玩耍过后，头脑会更加清晰，会比平时更加专心学习。

让男孩老老实实地坐在那里，他最多坚持几分钟就开始开小差。与其强迫他坐在那里读书，不如让他把身上的能量尽情地耗尽。当他与朋友们尽情玩耍时，他的社交能力、应急处理能力都会得到很好的提升，自信心也会慢慢加强。如果他玩得不尽兴，心理就会产生压力。这是因为想让身体活动起来的大脑的诉求与制止活动的外在命令发生了冲突。

男孩的小肌肉发育得比较慢，比如手指肌肉。这是因为在雄性激素的支配下，大块肌肉会优先发育。所以，平时还要让他多加强一些手指运动，比如折纸、剪纸等，这样可以多活动手指，促进手指肌肉的发育。

不过，在大肌肉的高速生长期，男孩可能很难长时间坐下来做

有身体接触的游戏可以开发男孩的认知能力。

爸爸上心，
儿子开心

173

一些静态运动，所以大可不必强求，只要在生活中，多多注意增加手指运动就可以了。手指灵活了，字自然也会写得工整。

有句话说："皮肤是外在的大脑"。也就是说，通过外在的接触，可以刺激大脑的发育。各种接触性的游戏可以提高男孩的认知能力。有研究表明，爸爸经常与儿子玩藏猫猫或者扔球游戏，有助于提升后者的认知能力。

爸爸与儿子玩的游戏更加动态，更加出于意料。妈妈一般都喜欢按常理出牌，都是按照固定的规矩，即使玩游戏的时候也是这样。相比之下，爸爸更加自由，他总是可以用意想不到的方式来让儿子开心。更重要的是，在空间上，爸爸一般都会与儿子保持适当距离，不会像妈妈一样天天跟儿子黏在一起，掺着扶着，生怕他磕着碰着了。

孩子对于爸爸的游戏方式更加感兴趣：把1岁大的孩子和他的父母一起放在一个房间里，他会对爸爸的哄逗方式显示出更加积极的反应。

由此可见，这种不可预见的，更加动态的游戏，对于儿子来说，是非常不错的"刺激"。在一个以1岁以上小孩为对象的调查研究中发现：与爸爸在一起玩耍的时间更长的孩子，语言发育的速度更快；在其4岁时的智商测验中，也显示出了压倒性的优势。也有研究结果表明，这样的孩子抗压性更好，更加容易适应环境。在与爸爸随性地玩耍的时候，会产生一种叫做肾上腺素的物质，这种物质与人在压力之下所分泌的荷尔蒙是一样的。所以，如果男孩从小与爸爸玩在一起，从小习惯了肾上腺素的话，日后的抗压能力也会更加突出。

攻击性的另一个出口

对于男孩来说，有些过激的、略带攻击性的游戏是非常必要的。由于男性荷尔蒙的作用，男性比女性更具有攻击性。那种犹如战场上的角斗一样的游戏，可以帮助男孩消除攻击性。但这样的游戏也很容易让男孩受伤，所以要与爸爸一起进行。当男孩有过激行为的时候，爸爸要及时制止。在他激进地想要攻击对方时，爸爸需要适时介入，并制订规则，比如"稍等，我们要有规矩。不要破坏家具，可以把对方撂倒，但不能殴打"等。只有这种自由与规则相结合的游戏，才能起到事半功倍的作用。

在与儿子尽情玩耍的过程中，爸爸也要坚定地执行自己所制订的规则。通过这样的方式，让儿子懂得：虽然他可以自由地玩耍，但也要学会控制，学会负责。有研究表明，与爸爸之间的这种激烈的游戏，反而有助于提高男孩的自制能力。

旅行是最好的体验学习

通过旅行，男孩会变得更加成熟，会冲出固有的条条框框，获得更多新鲜的体验。

所谓"读万卷书，行万里路"，这句话充分强调了读书和旅行的重要性。

泰戈尔 12 岁的时候，曾经跟随父亲进行了为期 4 个月的喜马拉雅山旅行。那时看到的溪谷、巍峨的山脉、广阔的大地，深深地印在了泰戈尔的心中，成为他日后进行创作的丰富源泉。在途经的寺院中发生的故事，教会了他与人交流的方法。同时，通过旅行，泰戈尔模模糊糊地理解了人与自然、人与社会之间的关系。可是说，那时的经验，为泰戈尔日后成为著名诗人和社会活动家打下了其坚实的基础。可以说，为他赢得亚洲第一个诺贝尔文学奖的作品《吉檀迦利》，正是源于旅行中获得的感悟。

莫扎特也是从小就与其父一起进行巡回演出。他之所以成长为音乐神童，他那小提琴演奏家兼作曲家的父亲功不可没。从 6 岁时开始的巡回演出，途经伦敦和巴黎等地，总共历时 3 年 6 个月。这次旅行，也为莫扎特日后成为世界著名音乐家奠定了基础。

"旅行，对于年长者来说，不过是增添了一些阅历；但对于年少者来说，确是最高的教育。"这是著名哲学家培根的话。同样，对于男孩来说，最为重要的就是这种"活生生的"教育了。

近来，听说韩国有一种以小学生为对象的"体验式学习项目"受到了各方的热捧。现在的父母都很忙，这些项目就是专门请来讲师带领小学生一起参观一些文化古迹，并为他们进行解说。乍看之下，这似乎很不错。但这种类似"散团式"的学习项目是否真能起到理想的效果，目前还是个疑问。因为这种学习项目毕竟不是孩子自主选择的，而是根据老师或家长单方面的计划而流水线般贯穿下来的学习流程。这可能会让孩子失去学习的兴趣和动力。

目前在韩国，徒步旅行颇为盛行。我也常常带着儿子一起绕着济州岛进行徒步旅行。经过这样的旅行，孩子会在一夜之间成长很多。有时，坚持走个十来公里下来，孩子心中的自豪之情便会溢于言表。旅行过程中的亲身的体会，可以让他比平时成熟得更快。

另外，旅行可以为孩子提供与新世界碰撞的机会。当我们从熟悉的日常生活中脱离出来，便可以用新的目光看待不同的事物。不熟悉的人、未知的环境、全新的文化，所有这一切将帮助男孩冲出固有的框框，重新获得多样化的体验。

如果孩子性格较软弱，依赖心理又较强的话，不妨来一次父子俩的单独旅行。在旅行中，爸爸可以更进一步了解儿子，对他的性格和才能重新审视。同时，可以借此机会重新思考一下，教育儿子的方法。

有身体接触的游戏可以开发男孩的认知能力。 爸爸上心，儿子开心在旅行的过程中，既能提高孩子的自立能力，又能加强父子俩的情感，一举两得，何乐而不为呢？

不过，在决定旅行目的地时最好和儿子商量一下。对于他想去哪里，想看什么，想怎么去都要充分地进行沟通。如果他能一同参与到旅行准备中来，那就更好了。其实，与旅行本身相比，准备旅行的过程反而更加令人兴奋和愉快。同时，旅行前还要让他加强对目的地的了解。

现在的孩子们，常常在那里一坐就是一天。对此，爸爸一定要采取措施，可以利用周末的时间，让有气无力的孩子彻底生龙活虎起来。

很多男孩的权利意识比较强，他们更喜欢战胜别人、制服别人，而不是赢得别人的好感。这都是因为雄性激素会引发攻击性、竞争心和进取意识的缘故。有研究结果表明，学习动机较强，学习成绩较好的男孩的雄性激素数值要比一般孩子高。

一项以猿猴为观察对象的研究，很好地解释了雄性激素对于攻击性、竞争意识、权力欲所带来的影响。在猿猴圈，身份秩序是非常严格的。当你留心观察猴群的时候，会很容易发现哪个猴子是猴群的头目。在这样严格的身份制度里，力量薄弱的母猴只能徘徊在族群周围，不得入内。

在实验中，科学家为处在身份等级最低端的猴子注射了雄性激素，并观察它的反应。没过多久，这个猴子就开始跟比自己"高一级"的猴子打了起来。突然遭到攻击的那只猴子，被这只猴子的气势吓得落荒而逃。但"战争"并没有就此结束：这只猴子开始依次挑战比自己体格庞大的猴子，并一路获胜，不到 20 分钟，已经打到猴王那里。

运动能够拉近男孩与爸爸之间的距离，
也为他提供认识其他男孩或男人的机会。

爸爸上心，
儿子开心

179

它们厮打、互咬……在一场激烈的争斗之后，连猴王也败下阵来。由此可见，在雄性激素的作用下，一个瘦弱的猴子竟然一路大捷，最终坐上了猴王的位置。

雄性激素同样可以刺激男孩的成就欲。对男孩来说，挑战和胜负明确的竞争机制是非常必要的。所以说，很多时候必须要彻底地激发男孩的求胜欲。即便是失败的体验，也将成为生活的推进剂。男孩在竞争中成长。"世人皆是赢家"的非竞争环境只会使他失去学习的动力和兴趣。

运动中的竞争机制，可以帮助男孩把多余的能量发散出去，同时培养他的社会意识。在运动中，爸爸和孩子可以形成无间的合作关系，也有助于培养健康的竞争意识。同时，可以让他形成明确的目标意识。

运动本身是非常有趣的，就算原本集中力非常差的孩子，一旦尝到运动的甜头，也会不自觉地沉浸其中。当他感觉到自己的实力与日俱增的时候，会产生一种价值感，这种感觉会让他心情大为舒畅。同时，为了实现目标，他也将经历努力的过程。

从男孩上学时起，爸爸可以帮他安排一些跆拳道、足球、棒球等胜败结果较为明确的运动项目。运动可以给孩子带来归属感，并形成良好的社会意识。在运动中，他们会对游戏规则了然于心，懂得通过公平竞争的方式，竭尽全力获得自己想要的结果。与此同时，他也将学会在竞争的体制下如何与人配合，如何鼓励他人以及在适当的时候为了大我而牺牲小我的精神。

在运动的过程中，男孩终将领悟到在人生旅途中，总要与别人并肩同行。为此，需要适时控制自己的冲动行为。在运动中，他慢慢会成长为优秀的"胜者"，不以一时的胜利而沾沾自喜；他也会懂得体恤、鼓励别人并顾及别人的感受。

爸爸上心，男孩成绩一级棒

上行下效的
学习习惯

　　檀国大学的李海明教授曾在其著作《孩子的成功密码掌握在爸爸手中》提到，他们曾对学习成绩优异的学生家庭进行了一系列的调查，结果表明："他们的家庭普遍比较勤勉，生活很规律""他们更喜欢讨论或者读书，而不是看电视。另外，他们对学习之外的事物也抱有浓厚的兴趣""他们的用词更加准确，喜欢文娱活动。"——这就是这些家庭的共同点。

　　为了营造以上所介绍的那种家庭氛围，爸爸的作用非常之大。因为家庭氛围，一般来说都由爸爸决定。

　　专门医师考试是我成为医生的最后一个考试，合格率比较高。但这样反而让人更有压力。因为如果稍有不慎的话，之前的所有努力，包括医科大学6年，实习1年，专业学习4年，总共11年都会功亏一篑。专业医师考试将考察此前所学的所有医学知识，包括诊疗过程中的所有实战经验，所以，需要学习和整理的内容非常之多。在备考期间，每天回家之后我都要学到很晚，生怕时间从指间溜走。

　　不过，我选择学习的地方是餐桌而不是书房。当时我的大儿子刚好4岁。由于平时他几乎见不到我，所以我一到家他就十分黏我，非要我抱着不肯下来。我会先陪他玩一会，然后再把书本打开，开始学习。这是儿子总会拿着玩具来到我身边，然后好奇地盯着我的书，问我"爸爸，你在干什么？"我会跟他说："爸爸在学习。爸爸觉得学习可有意思了。"听到我这么说，他可能觉得挺有意思的，也自己也找张纸过来，拿着笔在上面涂涂画画。当然，那个时候孩子还不识字。我和儿子的这样的交流，一直持续了4个多月，直到我考试完了才宣告结束。

虽然当时我并不是故意安排在餐桌上学习的，但出乎意料的是，这确实收到了很好的效果。儿子总是跟我并排坐着看图画书什么的，然后一会问问这个，一会问问那个。我感觉到，正是那个时期，他对学习产生了莫名的好奇和兴趣。

也许正是因为有了这样的经验，现在正在上小学六年级的大儿子在学习方面非常自觉，不用给他安排什么，他可以自己找事做，甚至一坐就是一两个小时，非常专注。

儿子总是喜欢模仿爸爸的行为。在学习上也是如此。如果爸爸在家学习的话，孩子肯定会跟着爸爸学；反之，如果爸爸天天躺在那里看电视，却要求孩子不许看的话，这是非常困难的。

在一定程度上，男孩的学习习惯反映了爸爸的习惯。

爸爸上心，
儿子开心

提高男孩的
语言表达能力

　　在孩子 1 岁前，如果爸爸可以积极地参与到教育中来，可以让男孩的智力、语言能力以及认知能力得到飞速发展。而且，小的时候受到爸爸关怀的孩子，在上学之后，普遍显现出较优的学习能力。同时，他会比较适应陌生的环境，不会因此而感到太大压力和挫折。

　　有研究表明，爸爸的"刺激"有助于男孩提高语言能力、认知能力以及学习能力。所以，爸爸在积极协助学校教育的同时，平时也要尽量多使用丰富的词语，引导他多表达自己。

　　美国的教育心理学家佩德森通过测定比较婴幼儿的发育程度之后，得出了这样的结论：没有爸爸的婴幼儿，在发育程度上得分比较低。在智力发展初期，他较少出现伸手够东西、追逐某事物等的行为。

　　研究小组还特意为婴儿们提供了一个他们从未见过的玩具，并观察他们认识玩具和探究玩具的时间。结果表明，没有跟爸爸一起生活的孩子与有爸爸的孩子相比，摆弄和探究玩具的时间要少很多。这说明，跟爸爸在一起的孩子的认知能力要相对好一些。

　　通过这样的实验可以得知，在 1 岁前，爸爸的存在与否将对孩子的智力发展带来巨大的影响。

要想学习好，就一定要先发展语言能力。语言能力的发展可以提高记忆力和思考能力。听说读写的能力是学习中最为关键的因素。通过读和写，我们可以获取新知识、整理思绪、形成新的概念。

语言能力的发展，一般会在孩子 2 ～ 3 岁时迎来质的飞跃。1 岁的时候，孩子一般只认识 10 个左右的单词。但在 2 岁的时候，词汇量就会达到 250 ～ 300 个；3 岁的时候，就能到达几千个了。在不到两年的短短时间里，孩子就能形成颇具规模的语言仓库，这将影响他一生的学习生活。而到了小学阶段之后，大多数人对语言的敏感程度都会降低。

美国的教育学家卡兹登将 2 ～ 3 岁的幼儿分成 3 组，分别进行语言能力的测定。对于第一组，只进行一般性的对话；对于第二组，给予充分的情感回馈；对于第三组，则让他们多读一些书。结果，多读书的第三组语言发育的速度最快。由此可见，要提高语言能力，就一定要多接触新的词汇。

在跟男孩说话的时候，很多父母总是使用"这个"或者"那个"这样的代名词。比如"你去把那个地方的什么什么东西拿来"。但是这样的对话，往往会阻碍他语言能力的发展。

父母应该使用丰富的词汇。不要再说"把那个拿过来"，而应该说"能把在黄色和红色叶子之间的那个白球拿过来么？"之类明确的指令。通过日常对话中明确而多样的词汇使用，可以让孩子在不自觉间学习到更多的新词汇。

但是，由于爸爸过于忙碌而每天跟妈妈腻在一起的儿子，是很难在语言能力上得到进一步发展的。一般来说，妈妈所使用的词语也是比较有限的，无法让儿子接触到更加丰富的词汇。但爸爸的社会活动比较活跃，经常会带来非常新鲜的词汇。所以，即使有时候觉得有

爸爸在积极协助学校教育的同时，平时也要尽量多使用丰富的词语，引导男孩多表达自己。

爸爸上心，
儿子开心

点啰唆，爸爸也要多跟儿子说话。这将有利于他语言能力、认知能力以及学习能力的发展。

美国北加莱罗纳州立大学的詹姆斯·帕尔森博士团队，曾经对有 2 岁以下孩子的 5 000 个家庭进行过研究，并对父母的忧郁程度和幼儿的状态进行了分析比较。结果显示，这些孩子的平均词汇量为 29 个，即使妈妈处于忧郁状态，孩子的词汇量也不会受到太大影响。但是爸爸处于忧郁状态的家庭，孩子的词汇量则只有 27.5 个，语言的发育速度相对较慢。

这个研究小组由此推断，当爸爸患有抑郁症时，与孩子的接触会明显减少，而这正是导致孩子语言发育缓慢的原因。妈妈即使非常忧郁，但出于养育责任，多多少少还是会顾及孩子，不会完全弃之不顾。即使是忧郁的妈妈，给孩子读书的时间也不会减少太多。但如果是爸爸的话，则会减少大概 9% 的时间。

1.5 个词汇的差别，看起来虽然没有多少，但等到孩子稍长大一点之后，就会显示出非常明显的不同。爸爸为孩子读书时间越少，他的语言发育就越慢。这一研究结果，将给所有的爸爸敲响警钟。

另外，还有非常重要的一点，那就是与爸爸的接触同样也影响孩子的学业。与爸爸交流比较多的孩子，学习成绩普遍较优异。不过，与孩子接触不应该仅仅停留在时间的积累上，爸爸对于教养的态度更为重要。目前已经有研究证明，常常获得爸爸称赞和适时帮助的孩子，在智力和语言能力方面都有上佳的表现。

　　桥本龙太郎，日本前首相，曾连续 14 次当选国会议员，打破了日本政界纪录。据说，不管公务多忙，他每个月都会坚持读 10 本以上的书，是出了名的读书狂人。他读书是为了休息，每天睡前都会看一些与业务无关的书，从中获取很多新鲜而丰富的知识。而他读书习惯的养成，很大程度上受到他爸爸的影响。小时候，爸爸就经常送书给他，但是从来不强迫他读书。很多时候，他只是看到爸爸在读书，才照着学样子。晚饭后，一家人总是聚在一起读书、讨论，而这也成了影响他一生的习惯。

　　美国第一位犹太人国务卿基辛格，从小就从父亲那里"继承"了读书的习惯。他的父亲是位女校老师，家里有很多书。小时候，他每天都会与爸爸一起读书、学习。这增加了他渊博的知识，也为他华丽的外交生涯锦上添花了不少。热爱读书的爸爸形象，从小就刻在了基辛格的心中，并把他引领到学问之路。而通过读书积累下来和人文素养，也为日后基辛格成为世界著名外交官打下了坚实的基础。

要让男孩更容易接近书，
即使只是把书当玩具玩也是好的。

爸爸上心，
儿子开心

"要读书" 不如 "想读书"

　　每到周末的早上，我总是会把音乐打开，然后漫不经心地看报纸。能够从繁忙地日常生活中解放出来，拥有一个悠闲看报纸的早上，对我来说简直是件无比幸福的事情。而另外一件让我更幸福的事就是我的孩子们的行为了。每当我看报纸的时候，他们总是会睡眼惺忪地一个个来到我的书房里。孩子们一溜地过来，一边听音乐，一边模仿我看报纸。每当看到他们天真的模样，我都会感到无比幸福和欣慰。因为，在孩子们身上映出了我生活的轨迹。

　　我的书房有时也作为孩子们的学习房。那里有个非常舒服的单人沙发，是个窝着看书的好地方。我常常坐在上面看书。周末在家的时候，我总是喜欢坐在那里。而在平日，如果提前回家时，我总会看见大儿子也坐在那里认真地看书。这时，我总是会感慨一个非常平凡的真理：行动是教育儿子最好的方法。

　　爸爸是培养男孩认知能力的重要源泉。男孩从爸爸那里看到更加广阔的世界，获得更丰富的知识以及勇敢的挑战精神。通过与爸爸的交流，他的认知能力可以得到很大的提升。而与爸爸一起读书，可以让这种认知更加如虎添翼。

　　那么，如何让孩子对读书感兴趣，并养成良好的读书习惯呢？

　　首先，硬是让多动的男孩坐下来读书并不容易。所以，想通过强制性的方式培养孩子的读书习惯是不可取的。其实，观念的转变才是最重要的，要让孩子从"要读书"转变为"想读书"。

　　要让孩子对读书产生兴趣，必须让他从小就对书产生亲近感。但这种亲近感不会自然而然产生。在蹒跚学步的时候，孩子总是会有充满好奇心的眼睛探索整个世界。对他来说，周围的世界永远是那么神奇而有趣。所以，这个时期就要开始为他制造一个亲近书的氛围了。

可以尝试给孩子做个书房。书架尽量选择低矮一点的，这样方便孩子随时都能看见书。除了书架之外，沙发和地板上也可以放些书，方便他自己触摸。刚开始，不要急于给他读书，可以先让他把书当成玩具来玩或者当成积木来堆。在此之后，再适时地给他讲些书里的故事。这样，在不知不觉中，孩子就对书产生了亲近感，即使以后爸爸不在的时候，他也会自己读书。

即使不感兴趣的书也要读

孩子自己读书时，很容易只偏向于读自己感兴趣的书。这时需要爸爸为他制订一个读书计划，让他能够涉猎历史、科学、文学等各领域的图书。

周末的时候，我会和儿子一同去逛逛书店。刚开始时，儿子去书店只是因为在书店里玩藏猫猫很好玩。有时，他也会凑在我跟前看看我在看什么书。而我总是会抓住这个机会告诉他，这本书多么有意思，会给我带来多大的帮助。听过我的讲解之后，不一会儿，儿子又去继续去藏猫猫了，但是我从他的眼神中看到了满满的好奇心。

大儿子比较喜欢少儿类的励志书。他喜欢通过各种通俗的故事，学习一些激励人心的道理。但这类书在解放观念、提高思考能力方面还是略显不足。正如偏食是一个不良习惯一样，只看一个种类的书也是不好的。所以，去书店的时候，我一般会先让大儿子自己挑选心仪的书，然后再加上一本我给他推荐的书。当然我一定会加上一个条件：必须两本都读，我才会给他买。通过这样的方式，可以慢慢拓宽儿子的阅读的视野，让他养成博览群书的习惯。

爸爸上心，
儿子开心

周末的时候，爸爸们不妨跟儿子一起看看书，并与他一起讨论书中的内容。如果实在没有时间的话，可以让他写写读书日记。在读过儿子的读书日记之后，爸爸可以顺势提出问题，引导他多角度思考问题。

每周我一般都会为大儿子挑选一篇新闻专栏或者社论，让他读过之后总结出一些主题以及精炼一下自己的想法和意见，最后落实到思考记事本中。刚开始没有形成习惯的时候，他还觉得点别扭，但慢慢的，他开始非常自觉地发表自己的看法了。通过阅读，拓宽了他的思维的边界，也增长了他的见识。

另外，如果发现孩子对某个领域感兴趣，就应该积极建议他多读一些相关书籍。慢慢地，他会体会到思考的乐趣和获取知识的乐趣。就这样，原本懵懂无知的小男孩，在知识的海洋中，慢慢成长和成熟了起来。

现在我的大儿子还会给弟弟下任务，常常让弟弟读某本书，然后对此提出问题。有时，3个孩子还会聚在一起玩猜谜游戏。

儿子真是个神奇的存在。即使是很小的事情，只要他感兴趣了，就会非常投入。作为爸爸，只要稍微留心，并付出一点努力，儿子就会发生很大的变化。

读书比说话重要。美国少儿医学会曾发表研究结果：在孩子出生后的 6 个月内，持续给他读书有助于智力的发展。这个时期，孩子的大脑正处于发育的高峰期，可以像海绵一样吸取新知识。

当大脑受到外界刺激的时候，神经细胞之间就会建立新的连接，原有的连接会更加稳固。对于婴幼儿来说更是如此。父母给孩子读书时用到的每一个词汇和句子，都会刺激大脑里数千个脑细胞，从而使得连接更加紧实和稳固。记忆就是这样形成的。记忆是认知能力的核心，是影响学习能力的关键因素。父母为孩子读的书越多，他的单词记忆就会越牢固，认知能力也就越优秀，大脑就会越聪明。

男孩对爸爸的声音更加敏感。因为爸爸不是每天都陪在身边。所以从男孩的角度来看，爸爸的声音比妈妈更加新鲜。再加上当爸爸为男孩读书的时候，他可以感受到被爱的感觉。所以，如果爸爸可以多为孩子读书的话，可以提高他的专注力，这要比妈妈为孩子读书时的效果高出两倍之多。

从爸爸的角度来说，给男孩读书是拉近与父子距离的好契机。特别是他三四岁到进入小学前是最为适合的时期。有时他听着听着就睡

男孩对爸爸的声音更加敏感，当爸爸给孩子读书时，效果要比妈妈读时高出两倍。

爸爸上心，儿子开心

着了。在犹太人的养育方式中，有一种就是在睡前给孩子读书。这个叫做"Bedtimestory"的方法，可以帮助孩子养成读书的习惯，也有利于他智力的发展。

如果爸爸可以从小为儿子读读童话书，儿子就会熟悉爸爸的声音。他自然就会对爸爸更有亲近感,跟爸爸在一起时也感觉更加舒服。在爸爸低沉而柔和的声音中，孩子可以充分地展开想象的翅膀，这对于日后培养他的创造能力也是非常有帮助的。同时，这也将赋予儿子挑战世界的勇气。

每天给儿子读20分钟的书，不仅可以为他打下学习的基础，还可以成为与他沟通的桥梁。

经济飞速发展，我们已经进入信息化时代。在这个时代，勤奋耕耘的"牛"好像已经不受待见，反而是动作麻利的"小老鼠"更受欢迎。在这样的氛围中，一步一个脚印地积累内功似乎是件十分愚蠢的事情，甚至是一件效率低下的事情。人们想知道的所有信息都能在网络上找得到，这让人觉得已经没有读书的必要性。还有一个观点是：在信息时代，天赋异禀比实打实干更加重要。那么，只要有天赋就能获得成功吗？

当然不是。不管我们处在什么样的时代，把铁杵磨成针的一定是锲而不舍的努力。不努力，就无法做成任何事情。真正的天才，并不是比谁都聪明的人，而是比谁都努力的人。

心理学家安德斯曾经提出过"十年法则"的概念，即一个人要在一个领域获得最高成就，至少需要 10 年的时间。他把在柏林音乐学院学习小提琴的学生分成 3 个等级，并分别调查他们的练习时间。结果是：非常有才华的精英组的平均练习时间为 10 000 个小时；实力较好的那组的练习时间为 8 000 个小时；而志在成为音乐教师的普通组的练习时间为 4 000 个小时。结果表明，要练成炉火纯青的技术，

爸爸应该从小就为男孩树立起努力的信念，
并帮他达到一个个小目标。

爸爸上心，
儿子开心

193

至少要花 10 000 个小时的时间。

这是因为，为了让我们的大脑真正地进入"熟练状态"，需要一定的时间。只有顽强的努力，才能让我们的大脑在相关领域达到一定的熟练状态，而这仅靠天赋是远远不够的。而年纪越小，大脑对于外界刺激越敏感，所以要从小开始养成努力的习惯。

从 6 岁起就开始作曲的天才音乐家莫扎特，也是到了 21 岁之后，才有了自己的真正作品，此前都是在模仿和学习别人的作品罢了。

想要儿子树立起努力的习惯，爸爸首先要以身作则。如果只是嘴上教导，那就算是磨破了嘴皮子也不会有任何效果。而且，如果只是嘴上强迫儿子努力的话，反而会破坏父子间的关系。

爸爸是儿子人生中的灯塔。爸爸如果能成为为了梦想努力奋进的楷模，儿子自然会照着爸爸的样子去做。而努力的习惯一旦形成，将对儿子的未来形成无比深远的影响。

我一般在树立一个短期目标之后，就会跟儿子共享一下。举个减肥的例子：我曾经坚持过每天快走 30 分钟，周末的时候进行 2 次肌肉运动。每天我都会贴上便笺纸，以便验收运动成果，检查体重。

重要的是，我把自己的目标说出来，然后与儿子一起行动。儿子会帮助我贴检测体重，因为他们想贴便笺纸。如果我因为太忙而只运动了 20 分钟，儿子会犹豫要不要贴便笺纸。如果我总是忘记运动的话，儿子还会着急，并敦促我要少喝点酒。最后，当达到目标的那一刻，孩子们反而比我自己还开心。

就这样，制订一个目标，然后和儿子一起实现。在这样的过程中，他自然会领悟到什么叫做努力。制订一个个小目标，然后把努力实现的过程生活化。如果身为爸爸，每天都有气无力的，也没什么奋斗目标的话，那么留给儿子的恐怕只有阴影了。

世人都认为，是因为苹果偶然地砸到了牛顿的头上，才让他突然发现万有引力定律。然而，当真如此么？没错，牛顿是因为看到苹果落下来，才确立万有引力定律。但是，并不是谁都能推导出万有引力定律。

当人们问牛顿"你是如何发现万有引力定律的？"的时候，牛顿是这样回答的："因为我每时每刻都在想着这个事情。"牛顿每到进入一个研究课题的时候，都会废寝忘食地投入其中。对他来说，坐在餐桌上只顾着看书以至于忘记吃饭的情景经常发生。

有一天，正在忙着做实验的牛顿饥饿难耐，于是决定煮一个鸡蛋吃。他把鸡蛋放进锅中煮了一会，等到打开锅盖准备把东西拿出来的时候，却发现里面竟然是一只手表。原来，他过于投入工作了，竟然把手表当成鸡蛋放到了锅中。这是一个关于牛顿的非常有名的故事，它说明了牛顿对于研究是何等的投入。

男孩的许多学习困难是可以克服或至少可以减轻症状的，越早行动越好。

爸爸上心，
儿子开心

专注的创始人，米哈·利契森特·米哈教授把专注形容为一种"Flow（流）"。所谓"专注"，就是一种如同鸟儿飞翔、水儿流淌一样的非常自然的状态。看到的、听到的、想到的，最终都汇集成一种更深一层的感受。一种可以忘记时间流动的专注，可以给人们带来幸福感，同时也可以突破思想的极限，形成更深一层的意识。

在人类的所有需求中，最高的一层应该就是"自我实现"。在专注的状态下，可以将个人的能力发挥到极致。而且，如果这种状态可以持续的话，将诞生出更伟大的成果。

犹太人有种非常独特的教育方式，叫做蜜糖教育。老师会让刚上小学一年级的孩子用沾有蜜糖的手指学写字母，然后让他们品尝手指的甜味。老师会教导孩子们：今后你们将学的一切都会像这蜜糖一样甜。这其实是在引导孩子：学习不是件苦差事，而应该是一件非常甜蜜的事情。愉快可以让人投入，投入将产生更多的成果。

要想让男孩体会到投入的喜悦，首先要找到他最喜欢的事情。爸爸要细心观察孩子喜欢什么，在哪方面有天分。在此基础上，让他自主选择自己要做的事情。如果硬是按照爸爸的意思做事的话，反而会引起他的反叛心理。让男孩完全投入于一件事情，并且攻克它。在这个过程中，他会尝到成功的甜头，并开始寻求下一个目标。

需要注意的是，爸爸在引导男孩选择挑战课题的时候，一定要充分考虑他的实际能力。最好是只要稍微努力一点就能达到的目标，这样他会更容易投入一些。

我的大儿子在四年级的时候开始学习游泳。在最初的一个月里，他非常不愿意去游泳馆，为此没少在家要赖。那段时间，每次都要哄着骗着才行。但不知从什么时候开始，儿子竟然开始自觉地去游泳了。对此我很好奇，后来才知道，原来他是在跟一个比他早学游泳 2 个月的男孩竞争。从踢腿到自由泳，当渐渐有了些长进之后，儿子便起了竞争之心，决心一定要赢过那个男孩。自此之后，他变得异常勤奋，每天下了课还要留下来继续练习；回到家之后，还要跑到网上找一些跟游泳技术相关的信息。就这样，不到 6 个月的时间，儿子就跑到我身边来跟我炫耀说，他已经超过那个男孩了。

此后，儿子又继续学了 2 年游泳，现在他连潇洒的蝶泳也游得非常好。

是什么让儿子投入到了原本并不感兴趣的游泳之中？是那个与他实力相仿的竞争。虽然当时那个竞争者的水平更高一些，但儿子认为只要通过努力就一定会超过他，所以才会投入其中。如果实力悬殊过于明显的话，他根本不会产生挑战的心理。

大人们会自己制订目标，然后全身心地投入其中，直到目标达成。大部分的专家都是如此。他们对自己的实力有着清晰的了解，所以会挑选一个合适的挑战课题，并为此付诸努力。但是，在男孩小时候，这种挑战的课题还是需要爸爸来提示一下。尤为重要的是，挑战目标一定要与男孩的实力相符。不管是有关读书，还是运动，要尽可能选一些只要稍微努力就有可能达成的目标。在向着目标一步步迈进的过程中，男孩会慢慢学会全情投入。

为了能让男孩更加专注，最好从小就让他养成思考的习惯。为此，爸爸要经常向他提问，并与他一起讨论这个问题。当然，这个过程需要非常强的韧劲和很大的耐心。

与此同时，对于男孩的想法和意见，要做到认真倾听并询问其理由。通过这样的方式，可以锻炼他的思考能力和应变能力。这就是所谓的"提问式教育"。

众所周知，三角形的面积公式是"底边长 × 高度 /2"，这已经是固定公式了。但是在提问式教育中,就不会直接告诉孩子这个公式,而是在提出问题之后,让他自己想办法解决。当提出一个问题的时候,男孩会动员他所知道的全部知识来解决这个问题。这时他大脑的思维将非常活跃。在整个过程中,他可以自己总结出新的知识,还能锻炼思考的能力。

一开始提出问题的时候需要注意,最好让男孩在 10 ~ 15 分钟就能找到答案。提问的目的,是为了让他积极地开动脑筋。当他熟悉这个方式之后,可以慢慢加大问题的难度。值得说明的是,即使最后问题没有得到解答也没关系,因为思考过程本身就是一种训练。当思考能力有所提升之后,男孩就更加容易专注于一件事情,而且,专注的效果也将加倍。这是因为,当思考能力强的人完全投入一件事情的时候,其创造力将被最大化。

培养男孩
高度自制能力

你的眼前放着一个甜瓜。如果现在吃的话，只能吃一个；如果等 15 分钟之后再吃的话，就可以吃两个。这是最近突破 250 万册的韩国畅销书《甜瓜故事》里面的案例。这个实验的主持者是美国斯坦福大学的沃尔特·米歇尔博士。在当时的实验参与者中，只有 30% 的人选择了顶住诱惑等待更大的回报。对于孩子来说，能忍住诱惑的平均时间是 3 分钟，不过很多孩子不到 30 秒就把甜瓜拿起来吃了。

不过更加惊人的结果，却是在 15 年之后。研究小组对当年参加过实验的孩子进行了回访调查，调查他们和解决问题能力和 SAT 分数（大学入学考试分数）。结果是，当初忍住诱惑的那 30% 的人的 SAT 成绩要比其他人高出 210 分！而且这些人的自我调节能力、社会意识以及抗压能力都相对突出。相比之下，当初立刻吃掉甜瓜的孩子却长成了暴躁的青少年。

吃不吃甜瓜，看上去是个非常小的差别，却实际并非如此。能

学会自我控制后，男孩可以玩得很兴奋，也可以选择何时何地应该收敛。

爸爸上心，儿子开心

199

否忍住欲望的能力，在日后将造就惊人的差别。"延迟满足"的能力，在 10 年前也称作"自我控制能力"，是一把打开成功的钥匙。

在美国，关于甜瓜效应的后续研究仍在如火如荼地进行着。当年多等待了 15 分钟的人们，现在大多已经成为了事业成功的中年人士。相反，立刻吃掉甜瓜的人，如今则大多被药物中毒或肥胖折磨着。这样的结果，甚至比 IQ 预想分类更加明确。

所谓"延迟满足"的能力，指的是为了未来的价值，而暂时克制住当下欲望的能力。当我们完成了自己制订的目标之时，会产生莫大的成就感。这是因为大脑中分泌出了一种叫做"脑内啡"的神经性物质。脑内啡，是存在于我们脑中的一种"毒品成分"。当我们喝酒或者跑马拉松的时候会感到一种喜悦，也是因为脑内啡的作用。

在大脑的循环回路中产生的脑内啡会给我们带来一种喜悦感，这已经超越了一般意义上的高兴。但是当喝酒或者吸食毒药时所产生的脑内啡却会损伤我们的身体。当我们成就一件事情时，大脑所分泌的脑内啡，会在瞬间让我们觉得所有的努力都是值得的。一旦我们尝过了这种发自肺腑的喜悦，就再也不会害怕痛苦的训练和付出。

"延迟满足"的能力，是一种让人享受过程的力量，而不仅仅是教人如何痛苦地忍耐。所以父母们不要强迫孩子一定要压制内心地欲望去苦闷地学习，而是要为他制订一个现实性的目标，并引导他努力实现。有时，实现梦想时的喜悦本身就能成为一种目标。当孩子慢慢喜欢这个历程时，其延迟满足的能力自然就会提升。

延迟满足其实是一种生活习惯。而在矫正生活习惯上面，爸爸可谓能手。首先，让孩子做一些力所能及的事情，即使是很小的事情也没关系。重要的不是做了什么事，而是是否做成了。即使是一件小事，只要是通过自己的努力获得了成功，孩子也会尝到胜利的喜悦。

当孩子想要放弃的时候，爸爸要问清其中的理由，充分地理解孩子的想法。但是要明确地告诉他："无法抵制诱惑是一件非常不光彩的事情。"与此同时，如果他通过自己的努力坚持了下来，爸爸也不要吝于鼓励。爸爸的称赞可以让孩子的成就感最大化。而夸奖的重点不应该放在结果上，而在努力的过程上，这样才能让孩子的延迟满足能力进一步提高。

比如，当儿子学习成绩提高的时候，更应该夸奖的是他努力学习的过程而不是结果。同时要跟儿子着重强调："一分耕耘一分收获，正是因为你付出了艰辛的努力，才获得了今天的成绩。"爸爸的激励将赋予孩子动力，从而让他重新建立新的目标，开始新一轮的挑战。

平时也可以指导男孩学习网球或跆拳道等运动项目。因为这些运动，都要靠扎实的训练才能获得成绩。虽然中途很容易放弃，但是只要坚持下去就会发现每天都有新的惊喜。当男孩发现自己每天都有进步的时候，眼前的苦痛咬咬牙也就熬过去了。而当实力发生质的飞跃时，他也将为坚持走到最后的自己感到欣慰和自豪。所有这些经验，都将帮助孩子提升延迟满足的能力。

训导儿子的法则

必须要做的作业，必须要遵守的承诺，如果男孩能够听话照做的话该多好啊！通常，女孩都比较听父母的话，让她做什么就做什么。但男孩就不同了。他不会因为一件"该做"的事没做而感到不安。所以，父母不提醒的话，他经常会忘写作业，叮嘱了半天的事情也会转眼忘掉。该做的事不做，不该做的事倒做一大堆，这就是男孩。

如果家里有两个男孩，那家里肯定不得安宁：妈妈的声音越来越高，"还不赶紧做！""快点做！"等尖叫声也会不绝于耳。我家就是这种情景。我的孩子们不是在床上上蹿下跳，就是去拆卸收音机；要不就是把所有玩具都给弄散了架。我家算上女儿在内的3个孩子，脸上全都因为这样疯玩而挂了彩，甚至还要去整形医师那儿做缝合。还有，让他们睡前刷牙，总是比登天还难。直到喊到嗓子哑了，他们才会听话。

对于天性比较冲动的男孩，需要为他制订严格的规矩，并让他养成遵守约定的习惯，即使是很小的约定。懂得遵守小约定，以后才能做大事。不要以为是小事就掉以轻心，坏习惯一旦形成就很难改正。

1969 年，美国斯坦福大学的菲利普教授曾经做过一个非常有意思的实验。他把两辆保存状态相似的车放到一条治安状况比较差的小路上。将其中一辆车的车盖稍微打开；而另一辆车则是稍微敲破玻璃。一个星期后，那个打开车盖的车几乎没有任何损伤，然而另外一个玻璃稍微破了的车就比较可怜了：10 分钟还没过去，电池就没了；接着，4 个轮胎也被人撬走了；一个星期之后，那辆车已经变得惨不忍睹。由此，菲利普教授提出了"破窗理论"。

"破窗理论"所揭示的案例在生活中处处可见。在世界的舞台——纽约我们就能看到很多这样的例子。1994 年，就任纽约市长的朱利安尼下令把"破窗地带"的所有涂鸦全部去掉，同时对那些闯交通信号灯的微犯罪进行彻底整治。结果，那年的犯罪发生率急剧下降。从此以后，纽约洗脱了"犯罪城市"的污名。纽约从控制小型犯罪开始，彻底做到了改头换面。

这种因为小问题而导致严重后果的事情，在世间比比皆是。而我们在养育男孩的时候，其实也是同样的道理。就像石子落入水面会引起层层波澜，很多小的过失也会引起不良结果。所以，在教育男孩的时候，一定要坚决要求他遵守规矩和规定。

请这样训导男孩

给男孩立规矩，是爸爸分内之事。一般来说，男孩比较听爸爸的话。对于犯了错的男孩，爸爸要像一个熟练的技工对待一部故障车一样。技工不会让车的主人感到难堪，只会告诉他，将如何如何修理；

讲道理完全没用，男孩需要的是清楚的规范和强制执行。　爸爸上心，儿子开心他也不会因为出现噪音而将所有问题归咎于车子不好。相反，他会利用各种杂音来判断车子的真实状况。也就是说，技工要做的事，就是发现故障的原因到底是什么。

对待男孩，需要更加低声地劝导。而且说服他时要有理有据。很多时候，他如果不理解为什么要这样做，就不会照做。当你对他大吼的时候，他会认为你把他当成了坏孩子。因为他很多时候搞不清楚状况。所以，对待男孩的时候，要更加理性，也要更具有说服力。

为此，要把儿子做的错事和他应受的惩罚明确地联系起来。爸爸常常会忍不住心中的怒火，对儿子大吼"你要是不听爸爸的话，就要你好看"之类的话。但这并不是在帮儿子立规矩，而是在发火。正确的方式应该是这样："以后你要是遵守不了每天只玩 30 分钟电脑的约定，就一周不能看电视"。要把做错的事和将会带来的结果联系起来说。

对儿子进行情绪宣泄没有任何用处。即使你发火了，他也不会有所认同。当爸爸对儿子发火的时候，他不会自动悔过自己的行为，而只会单纯地认为是爸爸在对自己发火。当爸爸大声咆哮的时候，他会觉得爸爸天天除了发火就不会别的了。所以，与其发火，不如好好地、有理有据地说服，比如他做错了什么，将受到什么样的惩罚，不要夹带着太多的感情要素。

爸爸要向男孩具体说明他的错误行为会带来什么样的结果。如果不这样，他就无法理解为什么自己不能做这件事。给出具体的理由，才能成为他改变行为的契机。

举个例子，当孩子出门时总是不带门，父母常常会大喊："喂！关门！"但这往往会引起孩子的叛逆心，会装作没听见而径自走掉。但是，如果说"门开着爸爸会冷的"，孩子就不会置若罔闻了。又或者，当爸爸在房间里看报纸时，男孩一直在吵闹的话，不要说"安静点！去那屋去！"而要说"爸爸正在看新闻，你声音太大的话，爸爸什么都看不进去了。"

这种说话的方式叫做"我字句"方式。前面也提到过，这种交流方式非常重要。教导孩子的时候，需要把孩子做错的地方、所带来的影响以及给爸爸带来的情绪影响都包含进去。"我"字句引起逆反心理的可能性比较小，因为它的威胁性不是那么强。

"我"字句实际上是把改正行为的机会留给了男孩，所以会更有效。"我"字句可以帮助他成长，让他懂得对自己的行为负责。

但是生气的时候则需要注意，不要着急说"我生气了"。这不是"我"字句而是"你"字句，因为这句话中包含有"我对你生气了"或者"我因为你才生气"的意思。愤怒与其他情绪不同，它肯定是指向某人的。愤怒是因为某种情绪而产生的二重情绪，也就是说，是第一次情绪的结果。这种二次情绪，最后都会以批判的形式表现出来。

所以，当你对男孩的行为感到生气的时候，不要直接对他发火，而要表达为"看到你做这种事，爸爸觉得好累"或"因为你的行为，让爸爸很伤心"等。

在训导男孩的时候，绝对不要用"不许"等否定字眼。这样的否定性字眼只会让他越来越无力或激发他叛逆的情绪。其实，使用肯定语句同样能表达出坚决的语气。比如，不要说"不要跟弟弟打仗"，而要说"跟弟弟好好说话。"或者用"说说看你为什么难过"来代替"不许哭"。

一些偏情绪化的表达要尽量避免，有时略微冷淡地用一些公务性的语句也是一种方法。但是，不能用冷笑或嘲笑等方式给孩子带来心灵上的伤害。有时，爸爸的冷淡态度反而会成为男孩自我反省的契机。这时，如果他能够自觉地改正，就应该给予及时地鼓励。

一天到晚跟在男孩身后唠叨，对他的行为根本起不到一点改善作用。即使有很多事情要说，也要分一下优先顺序。切忌他一进家门就开始"洗手了吗？签字本我看看。作业呢？去学校之前先整理书包。"之类的连环式唠叨。这样只会让他彻底厌倦。很多事情需要留有一些余地，或者说，一块即使现在不做也可以的缓存地带。

但要注意要当场了结。对此，态度一定要坚决，让男孩没有机会说"以后"。也就是说，"给过一次警告的事情，就必须马上改正"的原则一定要贯彻。这就是让男孩听话的秘诀。不要总是嘴上说说就行了，爸爸一定要监督到底，看看他有没有切实执行。

在指导男孩的时候，不要使用命令式语调，而要尽可能多提供一些"信息"。很多事情，不要因为男孩做得不好，爸爸就抢过来自己做，这只会伤他的自尊。在爸爸讲解的时候，男孩可能听着听着就开小差了。这时最好的方法是改用建议式，比如"如果用这种方法的话，可能会更容易"。当爸爸如此柔和地提出建议的时候，男孩一般都不会有任何抵抗。要知道，情报和命令的差别在于听者有没有选择权。如果男孩总是在自己选择并最后获得成功的时候，才会感觉到更多的满足感。

作者寄语

　　韩国的教育热闻名于世。为了进入顶级大学，孩子之间的竞争从幼儿园就已开始。在越来越激烈的"学业竞争"中，男孩处于越来越不利的位置。在学校，女孩常常独占鳌头。这让家有儿子的韩国父母们着急万分。其实，这种状况不只韩国独有。由于男孩的大脑比女孩的发育晚，无论在世界哪个地方，女孩的学习和适应能力几乎都比男孩强。

　　此时，唯一能给男孩适当帮助的就只有爸爸了。通过和爸爸一起做游戏，男孩的大脑得到启发，攻击性降低，注意力渐渐集中。爸爸还是儿子的镜子、目标和榜样。有研究表明，爸爸和儿子在一起的时间越长，儿子的学习和适应能力就越强。

　　另外，近来内向、胆小、懦弱的男孩越来越多，爸爸的作用再一次受到重视。在韩国，为了教出优秀的儿子，很多爸爸都报名参加了"爸爸学校"。但我听说中国还停留在"父教缺失"的阶段。

　　中国的"计划生育"让独生子女们成了掌上明珠。为了这些"小皇帝""小公主"，父母们可谓倾其所有，在所不惜。但是，大部分职业妈妈拖着疲惫的身体下班回家后，给孩子辅导功课或陪他做游戏几乎就成了一句空话。如果爸爸们能够适当分担一些教养义务，妈妈们就会轻松多了。要知道，来自爸爸的"刺激"是促进男孩大脑发育的最好的"玩具"。为了教出好儿子，爸爸们一定要站出来！如果本书能给家有儿子的中国父母们一点点帮助，那我将不胜荣幸。

短信查询正版图书及中奖办法

A. 电话查询
1. 揭开防伪标签获取密码，用手机或座机拨打4006608315；
2. 听到语音提示后，输入标识物上的20位密码；
3. 语言提示：您所购买的产品是中资海派商务管理(深圳)有限公司出品的正版图书。

B. 手机短信查询方法(移动收费0.2元/次，联通收费0.3元/次)
1. 揭开防伪标签，露出标签下20位密码，输入标识物上的20位密码，确认发送；
2. 发送至958879(8)08，得到版权信息。

C. 互联网查询方法
1. 揭开防伪标签，露出标签下20位密码；
2. 登录www.Nb315.com；
3. 进入"查询服务""防伪标查询"；
4. 输入20位密码，得到版权信息。

中奖者请将20位密码以及中奖人姓名、身份证号码、电话、收件人地址和邮编E-mail至szmiss@126.com，或传真至0755-25970309。

一等奖：168.00元人民币(现金)；
二等奖：图书一册；
三等奖：本公司图书6折优惠邮购资格。
再次谢谢您惠顾本公司产品。本活动解释权归本公司所有。

读者服务信箱

谢谢您购买本书！顺便提醒您如何使用ihappy书系：
◆ 全书先看一遍，对全书的内容留下概念。
◆ 再看第二遍，用寻宝的方式，选择您关心的章节仔细地阅读，将"法宝"谨记于心。
◆ 将书中的方法与您现有的工作、生活作比较，再融合您的经验，理出您最适用的方法。
◆ 新方法的导入使用要有决心，事先做好计划及准备。
◆ 经常查阅本书，并与您的生活、工作相结合，自然有机会成为一个"成功者"。

优惠订购	订阅人		部　门		单位名称	
	地　　址					
	电　　话			传　真		
	电子邮箱		公司网址		邮　编	
	订购书目					
	付款方式	邮局汇款	中资海派商务管理(深圳)有限公司 中国深圳银湖路中国脑库A栋四楼　　　　邮编：518029			
		银行电汇或转账	户　名：中资海派商务管理(深圳)有限公司 开户行：招行深圳科苑支行 账　号：81 5781 4257 1000 1 交行太平洋卡户名：桂林　　卡号：6014 2836 3110 4770 8			
	附注	1. 请将订阅单连同汇款单影印件传真或邮寄，以凭办理。 2. 订阅单请用正楷填写清楚，以便以最快方式送达。 3. 咨询热线：0755-25970306转158、168　传　真：0755-25970309 E-mail: szmiss@126.com				

→利用本订购单订购一律享受9折特价优惠。
→团购30本以上8.5折优惠。